Doğadan Gelen Lezzetler

Vegan Mutfağın Başyapıtları

Aylin Selen

Özet

Kiraz domatesli fırında Shitake mantarı 9

Macadamia fındıklı fırında yaban havucu ve petrol 11

Kiraz domatesli ve çam fıstıklı fırında mantar 13

Fırında körili patates 15

Fırında ıspanak ve yaban havucu 17

Kavrulmuş Lahana ve Tatlı Patates 19

Siçuan usulü pişmiş su teresi ve havuç 21

Kavrulmuş ve baharatlı soğan ve şalgam 23

Körili havuç 26

Baharatlı Kızartılmış Ispanak ve Soğan 28

Tatlı Patates ve Ispanak Kızartması 30

Kavrulmuş şalgam, soğan ve ıspanak 32

Kızarmış vegan tereyağlı su teresi ve havuç 34

Fırında Brokoli ve Ispanak 36

Füme kızarmış karnabahar ve soğan 38

Kavrulmuş İtalyan Pancar ve Kale 40

Su teresi ve fırında patates 44

Zeytinli Kavrulmuş Ispanak 46

Jalapeno Biberli Sotelenmiş Ispanak 48

Kavrulmuş Ispanaklı Köri 50

Fırında baharatlı Tayland fasulyesi filizi 52

Baharatlı Ispanak ve Sichuan Şalgamları 54

Tayland su teresi Havuç ve soğan 56

Kavrulmuş patates ve tatlı patates 59

Fırında beyaz patates ve patates 61

Macar yaban havucu ve şalgam 63

Basit pişmiş ıspanak 65

Pişmiş Güneydoğu Asya Ispanak ve Havuç 67

Lahana ve Kavrulmuş Brüksel Lahanası 69

Körili ıspanak ve patates 71

Tatlı Patates ve Karalahana Körisi 74

Jalapeno Su teresi ve Yaban havucu 76

Biber ve sarımsak soslu su teresi ve brokoli 78

Baharatlı Çin Lahanası ve Brokoli 80

Ispanak ve Shitake Mantarları 82

Pesto soslu ıspanak ve patates 84

Körili ve yeşil lahanalı tatlı patates 86

Şalgam üstleri ve pestolu şalgamlar 88

Pestolu Pazı ve Havuç 90

Biber ve sarımsak soslu Çin lahanası ve havuç 91

Haşlanmış şalgam ve yaban havucu üstleri 93

Yavaş Pişmiş Lahana ve Brokoli 94

Hindiba ve pestolu haşlanmış havuç 95

Yavaş Pişirilmiş Romaine Salatası ve Brüksel Lahanası 96

Hindiba ve yavaş pişirilmiş patates 97

Yavaş Pişirilmiş Şalgam ve Vegan Tereyağlı Şalgam 99

Vegan tereyağında pişirilmiş lahana ve yaban havucu 101

Yavaş Pişmiş Çin Usulü Ispanak ve Havuç 103

Yavaş Pişmiş Çin Lahanası ve Havuç 104

Yavaş Pişirilen Mikro Sebzeler ve Patatesler 106

Yavaş Pişirilmiş Sebze ve Patates 108

Mor lahana ve yavaş pişirilmiş patates 110

Yavaş Pişmiş Lahana ve Havuç 112

Pesto soslu yavaş pişirilmiş hindiba 113

Pesto ile yavaş pişirilmiş şalgam üstleri 114

Sarı Fasulye Soslu Yavaş Pişmiş Çin Lahanası 116

Şalgam üstleri ve pesto soslu pişmiş patates 118

Kiraz domatesli fırında Shitake mantarı 120

Macadamia fındıklı fırında yaban havucu ve petrol 122

Kiraz domatesli ve çam fıstıklı fırında mantar 124

Fırında körili patates 126

Fırında ıspanak ve yaban havucu 128

Kavrulmuş Lahana ve Tatlı Patates 130

Siçuan usulü pişmiş su teresi ve havuç 133

Kavrulmuş ve baharatlı soğan ve şalgam 135

Körili havuç 137

Baharatlı Kızartılmış Ispanak ve Soğan 139

Tatlı Patates ve Ispanak Kızartması 142

Kavrulmuş şalgam, soğan ve ıspanak 144

Kızarmış vegan tereyağlı su teresi ve havuç 146

Fırında Brokoli ve Ispanak 148

Füme kızarmış karnabahar ve soğan 150

Kavrulmuş İtalyan Pancar ve Kale 152

Su teresi ve fırında patates 154

Zeytinli Kavrulmuş Ispanak 156

Jalapeno Biberli Sotelenmiş Ispanak 158

Kavrulmuş Ispanaklı Köri 161

Fırında baharatlı Tayland fasulyesi filizi 163

Baharatlı Ispanak ve Sichuan Şalgamları 165

Tayland su teresi Havuç ve soğan 167

Kızarmış yam ve tatlı tatlı patates 169

Fırında beyaz patates ve patates 171

Macar yaban havucu ve şalgam 173

Basit pişmiş ıspanak 175

Pişmiş Güneydoğu Asya Ispanak ve Havuç 177

Lahana ve Kavrulmuş Brüksel Lahanası 179

Körili ıspanak ve patates 181

Tatlı Patates ve Karalahana Körisi 184

Jalapeno Su teresi ve Yaban havucu 186

Biber ve sarımsak soslu su teresi ve brokoli 188

Baharatlı Bok Choy ve Brokoli 190

Ispanak ve Shitake Mantarları 192

Pesto soslu ıspanak ve patates..194

Tatlı Patates ve Karalahana Körisi...196

Şalgam üstleri ve pestolu şalgamlar 198

Pestolu Pazı ve Havuç..200

Biber Sarımsak Sosunda Bok Choy ve Havuç.....................................202

Haşlanmış şalgam ve yaban havucu..204

Düşük ateşte pişirilmiş lahana ve brokoli 206

Pestoda pişirilmiş hindiba ve havuç 208

Roma salatası ve yavaş pişirilmiş Brüksel lahanası.........................210

Hindiba ve yavaş pişirilmiş patates 212

Yavaş Pişirilmiş Şalgam ve Vegan Tereyağlı Şalgam 214

Vegan tereyağında pişirilmiş lahana ve yaban havucu 216

Yavaş Pişmiş Çin Usulü Ispanak ve Havuç..218

Yavaş Tencere Bok Choy ve Havuç...220

Yavaş Pişirilen Mikro Sebzeler ve Patatesler 223

Kiraz domatesli fırında Shitake mantarı

İÇİNDEKİLER

1 kilo şalgam, ikiye bölünmüş

2 yemek kaşığı sızma zeytinyağı

1/2 kilogram shitake mantarı

8 diş soyulmamış sarımsak

3 yemek kaşığı susam yağı

tatmak için deniz tuzu ve öğütülmüş karabiber

1/4 kilogram kiraz domates

3 yemek kaşığı kavrulmuş kaju

1/4 kiloluk ıspanak, ince dilimlenmiş

Fırını 425 derece F'ye önceden ısıtın.

Patatesleri bir tavaya yayın

Üzerine 2 yemek kaşığı yağ gezdirin ve bir kez çevirerek 15 dakika pişirin.

Mantarları sap kısmı yukarı bakacak şekilde ekleyin

Tavaya sarımsak dişlerini ekleyin ve hafifçe kızarana kadar pişirin.

1 yemek kaşığı susam yağıyla, deniz tuzu ve karabiberle tatlandırın.

Fırına dönün ve 5 dakika pişirin.

Kiraz domatesleri tavaya ekleyin.

Tekrar fırına verip mantarlar yumuşayana kadar 5 dakika kadar pişirin.

Kaju fıstığını patates ve mantarların üzerine serpin.

Ispanakla servis yapın.

Macadamia fındıklı fırında yaban havucu ve petrol

İÇİNDEKİLER

1 kilogram yaban havucu, ikiye bölünmüş

2 yemek kaşığı sızma zeytinyağı

1/2 kilogram düğme mantarı

8 diş soyulmamış sarımsak

2 yemek kaşığı taze doğranmış kekik

1 yemek kaşığı sızma zeytinyağı

tatmak için deniz tuzu ve öğütülmüş karabiber

1/4 kilogram kiraz domates

3 yemek kaşığı kavrulmuş macadamia fıstığı

1/4 kiloluk ıspanak, ince dilimlenmiş

Fırını 425 derece F'ye önceden ısıtın.

Yaban havuçlarını bir tavaya yayın

Üzerine 2 yemek kaşığı zeytinyağı gezdirin ve bir kez çevirerek 15 dakika pişirin.

Mantarları sap kısmı yukarı bakacak şekilde ekleyin

Tavaya sarımsak dişlerini ekleyin ve hafifçe kızarana kadar pişirin.

Kekik serpin.

1 yemek kaşığı zeytinyağını gezdirip deniz tuzu ve karabiberle tatlandırın.

Fırına dönün ve 5 dakika pişirin.

Kiraz domatesleri tavaya ekleyin.

Tekrar fırına verip mantarlar yumuşayana kadar 5 dakika kadar pişirin.

Macadamia fıstıklarını patateslerin ve mantarların üzerine serpin.

Ispanakla servis yapın.

Kiraz domatesli ve çam fıstıklı fırında mantar

İÇİNDEKİLER

1 kilo patates ikiye bölünmüş

2 yemek kaşığı sızma zeytinyağı

1/2 kilogram düğme mantarı

8 diş soyulmamış sarımsak

2 çay kaşığı kimyon

1 çay kaşığı. annatto tohumları

½ çay kaşığı. kırmızı biber

1 yemek kaşığı sızma zeytinyağı

tatmak için deniz tuzu ve öğütülmüş karabiber

1/4 kilogram kiraz domates

3 yemek kaşığı kavrulmuş çam fıstığı

1/4 kiloluk ıspanak, ince dilimlenmiş

Fırını 425 derece F'ye önceden ısıtın.

Patatesleri bir tavaya yayın

Üzerine 2 yemek kaşığı zeytinyağı gezdirin ve bir kez çevirerek 15 dakika pişirin.

Mantarları sap kısmı yukarı bakacak şekilde ekleyin

Tavaya sarımsak dişlerini ekleyin ve hafifçe kızarana kadar pişirin.

Kimyon, kırmızı biber ve annatto tohumlarını serpin.

1 yemek kaşığı zeytinyağını gezdirip deniz tuzu ve karabiberle tatlandırın.

Fırına dönün ve 5 dakika pişirin.

Kiraz domatesleri tavaya ekleyin.

Tekrar fırına verip mantarlar yumuşayana kadar 5 dakika kadar pişirin.

Çam fıstıklarını patates ve mantarların üzerine serpin.

Ispanakla servis yapın.

Fırında körili patates

İÇİNDEKİLER

1 ½ kg patates, soyulmuş ve 1 inçlik parçalar halinde kesilmiş

½ soğan, ince dilimlenmiş

bir bardak su

½ küp sebze, doğranmış

1 kaşık. sızma zeytinyağı

½ çay kaşığı kimyon

½ çay kaşığı öğütülmüş kişniş

½ çay kaşığı garam masala

½ çay kaşığı biber tozu

karabiber

½ kilo taze ıspanak, iri doğranmış

Sonuncusu hariç tüm malzemeleri yavaş tencereye koyun.

Bir avuç ıspanakla örtün ve yavaş pişiriciyi doldurun.

Hepsini aynı anda sığdıramazsanız, önce ilk partinin pişmesine izin verin ve daha fazla ıspanak ekleyin.

Patatesler yumuşayana kadar orta ateşte 3-4 saat pişirin.

Kenarlarını kazıyıp servis yapın.

Fırında ıspanak ve yaban havucu

İÇİNDEKİLER

1 ½ kg yaban havucu, soyulmuş ve 1 inçlik parçalar halinde kesilmiş

½ kırmızı soğan, ince dilimlenmiş

bir bardak su

½ küp sebze, doğranmış

1 kaşık. sızma zeytinyağı

½ çay kaşığı kimyon

½ çay kaşığı annatto tohumu

½ çay kaşığı acı biber

½ çay kaşığı biber tozu

karabiber

½ kilo taze ıspanak, iri doğranmış

Sonuncusu hariç tüm malzemeleri yavaş tencereye koyun.

Bir avuç ıspanakla örtün ve yavaş pişiriciyi doldurun.

Hepsini aynı anda sığdıramazsanız, önce ilk partinin pişmesine izin verin ve daha fazla ıspanak ekleyin.

Patatesler yumuşayana kadar orta ateşte 3-4 saat pişirin.

Kenarlarını kazıyıp servis yapın.

Kavrulmuş Lahana ve Tatlı Patates

İÇİNDEKİLER

1 ½ kg tatlı patates, soyulmuş ve 1 inçlik parçalar halinde kesilmiş

½ soğan, ince dilimlenmiş

bir bardak su

½ küp sebze, doğranmış

1 kaşık. sızma zeytinyağı

½ çay kaşığı kimyon

½ çay kaşığı jalapeno biberi, doğranmış

½ çay kaşığı kırmızı biber

½ çay kaşığı biber tozu

karabiber

½ kilo taze lahana, iri kıyılmış

Sonuncusu hariç tüm malzemeleri yavaş tencereye koyun.

Üzerine bir avuç lahana ekleyin ve yavaş pişiriciyi doldurun.

Hepsini bir kerede yapamıyorsanız, önce ilk partinin pişmesine izin verin ve daha fazla lahana ekleyin.

Patatesler yumuşayana kadar orta ateşte 3-4 saat pişirin.

Kenarlarını kazıyıp servis yapın.

Siçuan usulü pişmiş su teresi ve havuç

İÇİNDEKİLER

1 ½ kg havuç, soyulmuş ve 1 inçlik parçalar halinde kesilmiş

½ kırmızı soğan, ince dilimlenmiş

bir bardak su

½ küp sebze, doğranmış

1 kaşık. Susam yağı

½ çay kaşığı 5 Çin baharatı tozu

½ çay kaşığı Siçuan karabiberi

½ çay kaşığı biber tozu

karabiber

½ kilogram taze su teresi, iri doğranmış

Sonuncusu hariç tüm malzemeleri yavaş tencereye koyun.

Bir avuç su teresi ile kaplayın ve yavaş pişiriciyi doldurun.

Hepsini aynı anda yapamıyorsanız, önce ilk partinin pişmesine izin verin ve daha fazla su teresi ekleyin.

Havuçlar yumuşayana kadar orta ateşte 3-4 saat pişirin.

Kenarlarını kazıyıp servis yapın.

Kavrulmuş ve baharatlı soğan ve şalgam

İÇİNDEKİLER

1 ½ kg şalgam, soyulmuş ve 1 inçlik parçalar halinde kesilmiş

½ soğan, ince dilimlenmiş

bir bardak su

½ küp sebze, doğranmış

1 kaşık. sızma zeytinyağı

½ çay kaşığı kimyon

½ çay kaşığı annatto tohumu

½ çay kaşığı acı biber

½ çay kaşığı limon suyu

karabiber

½ kilo taze ıspanak, iri doğranmış

Sonuncusu hariç tüm malzemeleri yavaş tencereye koyun.

Bir avuç ıspanakla örtün ve yavaş pişiriciyi doldurun.

Hepsini aynı anda sığdıramazsanız, önce ilk partinin pişmesine izin verin ve daha fazla ıspanak ekleyin.

Kök sebzeler yumuşayana kadar orta ateşte 3 ila 4 saat pişirin.

Kenarlarını kazıyıp servis yapın.

Körili havuç

İÇİNDEKİLER

1 ½ kg havuç, soyulmuş ve 1 inçlik parçalar halinde kesilmiş

½ soğan, ince dilimlenmiş

bir bardak su

½ küp sebze, doğranmış

1 kaşık. sızma zeytinyağı

½ çay kaşığı kimyon

½ çay kaşığı öğütülmüş kişniş

½ çay kaşığı garam masala

½ çay kaşığı biber tozu

karabiber

½ kilo taze lahana, iri kıyılmış

Sonuncusu hariç tüm malzemeleri yavaş tencereye koyun.

Üzerine bir avuç lahana ekleyin ve yavaş pişiriciyi doldurun.

Hepsini bir kerede yapamıyorsanız, önce ilk partinin pişmesine izin verin ve daha fazla lahana ekleyin.

Kök sebzeler yumuşayana kadar orta ateşte 3 ila 4 saat pişirin.

Kenarlarını kazıyıp servis yapın.

Baharatlı Kızartılmış Ispanak ve Soğan

İÇİNDEKİLER

1 ½ kg havuç, soyulmuş ve 1 inçlik parçalar halinde kesilmiş

½ soğan, ince dilimlenmiş

bir bardak su

½ küp sebze, doğranmış

1 kaşık. sızma zeytinyağı

½ çay kaşığı kimyon

½ çay kaşığı annatto tohumu

½ çay kaşığı acı biber

½ çay kaşığı limon suyu

karabiber

½ kilo taze ıspanak, iri doğranmış

Sonuncusu hariç tüm malzemeleri yavaş tencereye koyun.

Bir avuç ıspanakla örtün ve yavaş pişiriciyi doldurun.

Hepsini aynı anda sığdıramazsanız, önce ilk partinin pişmesine izin verin ve daha fazla ıspanak ekleyin.

Kök sebzeler yumuşayana kadar orta ateşte 3 ila 4 saat pişirin.

Kenarlarını kazıyıp servis yapın.

Tatlı Patates ve Ispanak Kızartması

İÇİNDEKİLER

1 ½ kg tatlı patates, soyulmuş ve 1 inçlik parçalar halinde kesilmiş

½ soğan, ince dilimlenmiş

bir bardak su

½ küp sebze, doğranmış

2 kaşık. vegan tereyağı veya margarin

½ çay kaşığı Provence otları

½ çay kaşığı kekik

½ çay kaşığı biber tozu

karabiber

½ kilo taze ıspanak, iri doğranmış

Sonuncusu hariç tüm malzemeleri yavaş tencereye koyun.

Bir avuç ıspanakla örtün ve yavaş pişiriciyi doldurun.

Hepsini aynı anda sığdıramazsanız, önce ilk partinin pişmesine izin verin ve daha fazla ıspanak ekleyin.

Patatesler yumuşayana kadar orta ateşte 3-4 saat pişirin.

Kenarlarını kazıyıp servis yapın.

Kavrulmuş şalgam, soğan ve ıspanak

İÇİNDEKİLER

1 ½ kg şalgam, soyulmuş ve 1 inçlik parçalar halinde kesilmiş

½ soğan, ince dilimlenmiş

bir bardak su

½ küp sebze, doğranmış

1 kaşık. sızma zeytinyağı

2 çay kaşığı sarımsak, kıyılmış

½ çay kaşığı limon suyu

½ çay kaşığı biber tozu

karabiber

½ kilo taze ıspanak, iri doğranmış

Kavrulmuş şalgam, soğan ve ıspanak

Sonuncusu hariç tüm malzemeleri yavaş tencereye koyun.

Bir avuç ıspanakla örtün ve yavaş pişiriciyi doldurun.

Hepsini aynı anda sığdıramazsanız, önce ilk partinin pişmesine izin verin ve daha fazla ıspanak ekleyin.

Şalgamlar yumuşayana kadar orta ateşte 3-4 saat pişirin.

Kenarlarını kazıyıp servis yapın.

Kızarmış vegan tereyağlı su teresi ve havuç

İÇİNDEKİLER

1 ½ kg havuç, soyulmuş ve 1 inçlik parçalar halinde kesilmiş

½ soğan, ince dilimlenmiş

bir bardak su

½ küp sebze, doğranmış

1 kaşık. vegan tereyağı/margarin

1 çay kaşığı sarımsak, kıyılmış

½ çay kaşığı limon suyu

karabiber

½ kilogram taze su teresi, iri doğranmış

Sonuncusu hariç tüm malzemeleri yavaş tencereye koyun.

Bir avuç su teresi ile kaplayın ve yavaş pişiriciyi doldurun.

Hepsini aynı anda yapamıyorsanız, önce ilk partinin pişmesine izin verin ve daha fazla su teresi ekleyin.

Havuçlar yumuşayana kadar orta ateşte 3-4 saat pişirin.

Kenarlarını kazıyıp servis yapın.

Fırında Brokoli ve Ispanak

İÇİNDEKİLER

1 ½ kilogram brokoli çiçeği

½ soğan, ince dilimlenmiş

bir bardak su

½ küp sebze, doğranmış

1 kaşık. sızma zeytinyağı

½ çay kaşığı kimyon

½ çay kaşığı biber tozu

karabiber

½ kilo taze ıspanak, iri doğranmış

Sonuncusu hariç tüm malzemeleri yavaş tencereye koyun.

Bir avuç ıspanakla örtün ve yavaş pişiriciyi doldurun.

Hepsini aynı anda sığdıramazsanız, önce ilk partinin pişmesine izin verin ve daha fazla ıspanak ekleyin.

Brokoli yumuşayana kadar orta ateşte 3-4 saat pişirin.

Kenarlarını kazıyıp servis yapın.

Füme kızarmış karnabahar ve soğan

İÇİNDEKİLER

1 ½ kg karnabahar, soyulmuş ve 1 inçlik parçalar halinde kesilmiş

½ kırmızı soğan, ince dilimlenmiş

bir bardak su

½ küp sebze, doğranmış

1 kaşık. sızma zeytinyağı

½ çay kaşığı kimyon

½ çay kaşığı biber tozu

karabiber

½ kilo taze ıspanak, iri doğranmış

Sonuncusu hariç tüm malzemeleri yavaş tencereye koyun.

Bir avuç ıspanakla örtün ve yavaş pişiriciyi doldurun.

Hepsini aynı anda sığdıramazsanız, önce ilk partinin pişmesine izin verin ve daha fazla ıspanak ekleyin.

Patatesler yumuşayana kadar orta ateşte 3-4 saat pişirin.

Kenarlarını kazıyıp servis yapın.

Kavrulmuş İtalyan Pancar ve Kale

İÇİNDEKİLER

1 ½ kg pancar, soyulmuş ve 1 inçlik parçalar halinde kesilmiş

½ kırmızı soğan, ince dilimlenmiş

bir bardak su

½ küp sebze, doğranmış

1 kaşık. sızma zeytinyağı

½ çay kaşığı İtalyan sosu

karabiber

½ kilo taze lahana, iri kıyılmış

Sonuncusu hariç tüm malzemeleri yavaş tencereye koyun.

Üzerine bir avuç lahana ekleyin ve yavaş pişiriciyi doldurun.

Hepsini bir kerede yapamıyorsanız, önce ilk partinin pişmesine izin verin ve daha fazla lahana ekleyin.

Pancarlar yumuşayana kadar orta ateşte 3-4 saat pişirin.

Kenarlarını kazıyıp servis yapın.

Su teresi ve fırında patates

İÇİNDEKİLER

1 ½ kg patates, soyulmuş ve 1 inçlik parçalar halinde kesilmiş

½ soğan, ince dilimlenmiş

bir bardak su

½ küp sebze, doğranmış

1 kaşık. zeytin yağı

½ çay kaşığı kıyılmış zencefil

2 dal limon otu

½ çay kaşığı yeşil soğan, doğranmış

½ çay kaşığı biber tozu

karabiber

½ kilogram su teresi, iri doğranmış

Sonuncusu hariç tüm malzemeleri yavaş tencereye koyun.

Bir avuç su teresi ile kaplayın ve yavaş pişiriciyi doldurun.

Hepsini aynı anda yapamıyorsanız, önce ilk partinin pişmesine izin verin ve daha fazla su teresi ekleyin.

Patatesler yumuşayana kadar orta ateşte 3-4 saat pişirin.

Kenarlarını kazıyıp servis yapın.

Zeytinli Kavrulmuş Ispanak

İÇİNDEKİLER

1 ½ kg patates, soyulmuş ve 1 inçlik parçalar halinde kesilmiş

½ yeşil zeytin, ince dilimlenmiş

bir bardak su

½ küp sebze, doğranmış

1 kaşık. sızma zeytinyağı

½ çay kaşığı kimyon

½ çay kaşığı biber tozu

karabiber

½ kilo taze ıspanak, iri doğranmış

Sonuncusu hariç tüm malzemeleri yavaş tencereye koyun.

Bir avuç ıspanakla örtün ve yavaş pişiriciyi doldurun.

Hepsini aynı anda sığdıramazsanız, önce ilk partinin pişmesine izin verin ve daha fazla ıspanak ekleyin.

Patatesler yumuşayana kadar orta ateşte 3-4 saat pişirin.

Kenarlarını kazıyıp servis yapın.

Jalapeno Biberli Sotelenmiş Ispanak

İÇİNDEKİLER

1 ½ kilogram brokoli çiçeği

½ soğan, ince dilimlenmiş

bir bardak su

½ küp sebze, doğranmış

1 kaşık. sızma zeytinyağı

½ çay kaşığı kimyon

8 jalapeno biber, ince doğranmış

1 ancho biberi

½ çay kaşığı biber tozu

karabiber

½ kilo taze ıspanak, iri doğranmış

Sonuncusu hariç tüm malzemeleri yavaş tencereye koyun.

Bir avuç ıspanakla örtün ve yavaş pişiriciyi doldurun.

Hepsini aynı anda sığdıramazsanız, önce ilk partinin pişmesine izin verin ve daha fazla ıspanak ekleyin.

Brokoli yumuşayana kadar orta ateşte 3-4 saat pişirin.

Kenarlarını kazıyıp servis yapın.

Kavrulmuş Ispanaklı Köri

İÇİNDEKİLER

1 ½ kg patates, soyulmuş ve 1 inçlik parçalar halinde kesilmiş

½ soğan, ince dilimlenmiş

bir bardak su

½ küp sebze, doğranmış

1 kaşık. sızma zeytinyağı

½ çay kaşığı kimyon

½ çay kaşığı öğütülmüş kişniş

½ çay kaşığı garam masala

½ çay kaşığı biber tozu

karabiber

½ kilo taze ıspanak, iri doğranmış

Sonuncusu hariç tüm malzemeleri yavaş tencereye koyun.

Bir avuç ıspanakla örtün ve yavaş pişiriciyi doldurun.

Hepsini aynı anda sığdıramazsanız, önce ilk partinin pişmesine izin verin ve daha fazla ıspanak ekleyin.

Patatesler yumuşayana kadar orta ateşte 3-4 saat pişirin.

Kenarlarını kazıyıp servis yapın.

Fırında baharatlı Tayland fasulyesi filizi

İÇİNDEKİLER

1 ½ kg karnabahar çiçeği, beyazlatılmış (kaynar suya batırılmış ve daha sonra buzlu suya batırılmış)

½ bardak fasulye filizi, durulanmış

½ bardak su

½ küp sebze, doğranmış

1 kaşık. Susam yağı

½ çay kaşığı Tay biber salçası

½ çay kaşığı sıcak Sriracha sosu

½ çay kaşığı biber tozu

2 Tay kümes hayvanı biberi, doğranmış

karabiber

½ kilo taze ıspanak, iri doğranmış

Sonuncusu hariç tüm malzemeleri yavaş tencereye koyun.

Bir avuç ıspanakla örtün ve yavaş pişiriciyi doldurun.

Hepsini aynı anda sığdıramazsanız, önce ilk partinin pişmesine izin verin ve daha fazla ıspanak ekleyin.

Patatesler yumuşayana kadar orta ateşte 3-4 saat pişirin.

Kenarlarını kazıyıp servis yapın.

Baharatlı Ispanak ve Sichuan Şalgamları

İÇİNDEKİLER

1 ½ kg şalgam, soyulmuş ve 1 inçlik parçalar halinde kesilmiş

½ soğan, ince dilimlenmiş

bir bardak su

½ küp sebze, doğranmış

1 kaşık. Susam yağı

½ çay kaşığı sarımsaklı biber salçası

½ çay kaşığı Siçuan karabiberi

1 yıldız anason

2 Tay kümes hayvanı biberi, doğranmış

karabiber

½ kilo taze ıspanak, iri doğranmış

Sonuncusu hariç tüm malzemeleri yavaş tencereye koyun.

Bir avuç ıspanakla örtün ve yavaş pişiriciyi doldurun.

Hepsini aynı anda sığdıramazsanız, önce ilk partinin pişmesine izin verin ve daha fazla ıspanak ekleyin.

Şalgamlar yumuşayana kadar orta ateşte 3-4 saat pişirin.

Kenarlarını kazıyıp servis yapın.

Tayland su teresi Havuç ve soğan

İÇİNDEKİLER

1 ½ kg havuç, soyulmuş ve 1 inçlik parçalar halinde kesilmiş

½ soğan, ince dilimlenmiş

bir bardak su

½ küp sebze, doğranmış

1 kaşık. sızma zeytinyağı

1 kaşık. Susam yağı

½ çay kaşığı Tay biber salçası

½ çay kaşığı sıcak Sriracha sosu

½ çay kaşığı biber tozu

2 Tay kümes hayvanı biberi, doğranmış

karabiber

½ kilogram su teresi, iri doğranmış

Sonuncusu hariç tüm malzemeleri yavaş tencereye koyun.

Bir avuç su teresi ile kaplayın ve yavaş pişiriciyi doldurun.

Hepsini aynı anda yapamıyorsanız, önce ilk partinin pişmesine izin verin ve daha fazla su teresi ekleyin.

Havuçlar yumuşayana kadar orta ateşte 3-4 saat pişirin.

Kenarlarını kazıyıp servis yapın.

Kavrulmuş patates ve tatlı patates

İÇİNDEKİLER

½ pound mor patates, soyulmuş ve 1 inçlik parçalar halinde kesilmiş

1 pound tatlı patates, soyulmuş ve 1 inçlik parçalar halinde kesilmiş

½ soğan, ince dilimlenmiş

bir bardak su

½ küp sebze, doğranmış

1 kaşık. sızma zeytinyağı

karabiber

½ kilo taze ıspanak, iri doğranmış

Sonuncusu hariç tüm malzemeleri yavaş tencereye koyun.

Bir avuç ıspanakla örtün ve yavaş pişiriciyi doldurun.

Hepsini aynı anda sığdıramazsanız, önce ilk partinin pişmesine izin verin ve daha fazla ıspanak ekleyin.

Patatesler yumuşayana kadar orta ateşte 3-4 saat pişirin.

Kenarlarını kazıyıp servis yapın.

Fırında beyaz patates ve patates

İÇİNDEKİLER

1/2 poundluk patates, soyulmuş ve 1 inçlik parçalar halinde kesilmiş

½ kg beyaz iplik, soyulmuş ve 1 inçlik parçalar halinde kesilmiş

1/2 poundluk havuç, soyulmuş ve 1 inçlik parçalar halinde kesilmiş

½ kırmızı soğan, ince dilimlenmiş

bir bardak su

½ küp sebze, doğranmış

1 kaşık. sızma zeytinyağı

½ çay kaşığı kimyon

½ çay kaşığı öğütülmüş kişniş

½ çay kaşığı garam masala

½ çay kaşığı acı biber

karabiber

½ kilo taze ıspanak, iri doğranmış

Sonuncusu hariç tüm malzemeleri yavaş tencereye koyun.

Bir avuç ıspanakla örtün ve yavaş pişiriciyi doldurun.

Hepsini aynı anda sığdıramazsanız, önce ilk partinin pişmesine izin verin ve daha fazla ıspanak ekleyin.

Patatesler yumuşayana kadar orta ateşte 3-4 saat pişirin.

Kenarlarını kazıyıp servis yapın.

Macar yaban havucu ve şalgam

İÇİNDEKİLER

1/2 pound şalgam, soyulmuş ve 1 inçlik parçalar halinde kesilmiş

1/2 poundluk havuç, soyulmuş ve 1 inçlik parçalar halinde kesilmiş

1/2 pound yaban havucu, soyulmuş ve 1 inçlik parçalar halinde kesilmiş

½ kırmızı soğan, ince dilimlenmiş

bir bardak su

½ küp sebze, doğranmış

1 kaşık. sızma zeytinyağı

½ çay kaşığı toz biber

½ çay kaşığı. biber tozu

karabiber

½ kilo taze ıspanak, iri doğranmış

Sonuncusu hariç tüm malzemeleri yavaş tencereye koyun.

Bir avuç ıspanakla örtün ve yavaş pişiriciyi doldurun.

Hepsini aynı anda sığdıramazsanız, önce ilk partinin pişmesine izin verin ve daha fazla ıspanak ekleyin.

Şalgamlar yumuşayana kadar orta ateşte 3-4 saat pişirin.

Kenarlarını kazıyıp servis yapın.

Basit pişmiş ıspanak

İÇİNDEKİLER

1 ½ kg brokoli, soyulmuş ve 1 inçlik parçalar halinde kesilmiş

½ kırmızı soğan, ince dilimlenmiş

bir bardak sebze suyu

1 kaşık. sızma zeytinyağı

½ çay kaşığı İtalyan sosu

½ çay kaşığı biber tozu

karabiber

½ kilo taze ıspanak, iri doğranmış

Sonuncusu hariç tüm malzemeleri yavaş tencereye koyun.

Bir avuç ıspanakla örtün ve yavaş pişiriciyi doldurun.

Hepsini aynı anda sığdıramazsanız, önce ilk partinin pişmesine izin verin ve daha fazla ıspanak ekleyin.

Brokoli yumuşayana kadar orta ateşte 3-4 saat pişirin.

Kenarlarını kazıyıp servis yapın.

Pişmiş Güneydoğu Asya Ispanak ve Havuç

İÇİNDEKİLER

1/2 pound şalgam, soyulmuş ve 1 inçlik parçalar halinde kesilmiş

1/2 poundluk havuç, soyulmuş ve 1 inçlik parçalar halinde kesilmiş

1/2 pound yaban havucu, soyulmuş ve 1 inçlik parçalar halinde kesilmiş

½ kırmızı soğan, ince dilimlenmiş

½ su bardağı sebze suyu

1 kaşık. sızma zeytinyağı

½ çay kaşığı kıyılmış zencefil

2 sap limon otu

8 diş sarımsak, doğranmış

karabiber

½ kilo taze ıspanak, iri doğranmış

Pişmiş Güneydoğu Asya Ispanak ve Havuç

Sonuncusu hariç tüm malzemeleri yavaş tencereye koyun.

Bir avuç ıspanakla örtün ve yavaş pişiriciyi doldurun.

Hepsini aynı anda sığdıramazsanız, önce ilk partinin pişmesine izin verin ve daha fazla ıspanak ekleyin.

Şalgamlar yumuşayana kadar orta ateşte 3-4 saat pişirin.

Kenarlarını kazıyıp servis yapın.

Lahana ve Kavrulmuş Brüksel Lahanası

İÇİNDEKİLER

1 ½ pound Brüksel lahanası, soyulmuş ve 1 inçlik parçalar halinde kesilmiş

½ kırmızı soğan, ince dilimlenmiş

bir bardak su

½ küp sebze, doğranmış

1 kaşık. sızma zeytinyağı

½ çay kaşığı biber tozu

karabiber

½ kilo lahana, iri kıyılmış

Sonuncusu hariç tüm malzemeleri yavaş tencereye koyun.

Üzerine bir avuç lahana ekleyin ve yavaş pişiriciyi doldurun.

Hepsini bir kerede yapamıyorsanız, önce ilk partinin pişmesine izin verin ve daha fazla lahana ekleyin.

Brüksel lahanaları yumuşayana kadar orta ateşte 3 saat pişirin.

Kenarlarını kazıyıp servis yapın.

Körili ıspanak ve patates

İÇİNDEKİLER

1 ½ kg patates, soyulmuş ve 1 inçlik parçalar halinde kesilmiş

½ soğan, ince dilimlenmiş

bir bardak su

½ küp sebze, doğranmış

1 kaşık. sızma zeytinyağı

½ çay kaşığı kimyon

½ çay kaşığı öğütülmüş kişniş

½ çay kaşığı garam masala

½ çay kaşığı biber tozu

karabiber

½ kilo taze ıspanak, iri doğranmış

Sonuncusu hariç tüm malzemeleri yavaş tencereye koyun.

Bir avuç ıspanakla örtün ve yavaş pişiriciyi doldurun.

Hepsini aynı anda sığdıramazsanız, önce ilk partinin pişmesine izin verin ve daha fazla ıspanak ekleyin.

Patatesler yumuşayana kadar orta ateşte 3-4 saat pişirin.

Kenarlarını kazıyıp servis yapın.

Tatlı Patates ve Karalahana Körisi

İÇİNDEKİLER

1 ½ kg tatlı patates, soyulmuş ve 1 inçlik parçalar halinde kesilmiş

½ soğan, ince dilimlenmiş

bir bardak su

½ küp sebze, doğranmış

1 kaşık. sızma zeytinyağı

½ çay kaşığı kimyon

½ çay kaşığı öğütülmüş kişniş

½ çay kaşığı garam masala

½ çay kaşığı biber tozu

karabiber

½ kilo lahana, iri kıyılmış

Sonuncusu hariç tüm malzemeleri yavaş tencereye koyun.

Üzerine bir avuç lahana ekleyin ve yavaş pişiriciyi doldurun.

Hepsini bir kerede yapamıyorsanız, önce ilk partinin pişmesine izin verin ve daha fazla lahana ekleyin.

Tatlı patatesler yumuşayana kadar orta ateşte 3 ila 4 saat pişirin.

Kenarlarını kazıyıp servis yapın.

Jalapeno Su teresi ve Yaban havucu

İÇİNDEKİLER

1 ½ kg yaban havucu, soyulmuş ve 1 inçlik parçalar halinde kesilmiş

½ kırmızı soğan, ince dilimlenmiş

bir bardak su

½ küp sebze, doğranmış

1 kaşık. sızma zeytinyağı

½ çay kaşığı kimyon

½ çay kaşığı jalapeno biberi, doğranmış

1 ancho biberi, doğranmış

karabiber

½ kilogram su teresi, iri doğranmış

Sonuncusu hariç tüm malzemeleri yavaş tencereye koyun.

Bir avuç ıspanakla örtün ve yavaş pişiriciyi doldurun.

Hepsini aynı anda sığdıramazsanız, önce ilk partinin pişmesine izin verin ve daha fazla ıspanak ekleyin.

Yaban havuçları yumuşayana kadar orta ateşte 3 ila 4 saat pişirin.

Kenarlarını kazıyıp servis yapın.

Biber ve sarımsak soslu su teresi ve brokoli

İÇİNDEKİLER

1 ½ kg havuç, soyulmuş ve 1 inçlik parçalar halinde kesilmiş

1/2 pound brokoli, soyulmuş ve 1 inçlik parçalar halinde kesilmiş

½ soğan, ince dilimlenmiş

bir bardak su

½ küp sebze, doğranmış

1 kaşık. Susam yağı

½ çay kaşığı sarımsak ve biber sosu

½ çay kaşığı. limon suyu

½ çay kaşığı. doğranmış yeşil soğan

karabiber

½ kilogram su teresi, iri doğranmış

Sonuncusu hariç tüm malzemeleri yavaş tencereye koyun.

Bir avuç su teresi ile kaplayın ve yavaş pişiriciyi doldurun.

Hepsini aynı anda yapamıyorsanız, önce ilk partinin pişmesine izin verin ve daha fazla su teresi ekleyin.

Havuçlar yumuşayana kadar orta ateşte 3-4 saat pişirin.

Kenarlarını kazıyıp servis yapın.

Baharatlı Çin Lahanası ve Brokoli

İÇİNDEKİLER

1 pound brokoli, soyulmuş ve 1 inçlik parçalar halinde kesilmiş

1/2 kilogram şampanya mantarı, dilimlenmiş

½ soğan, ince dilimlenmiş

bir bardak su

½ küp sebze, doğranmış

1 kaşık. Susam yağı

½ çay kaşığı Çin beş baharat tozu

½ çay kaşığı Siçuan karabiberi

½ çay kaşığı biber tozu

karabiber

½ kilogram çin lahanası, iri kıyılmış

Sonuncusu hariç tüm malzemeleri yavaş tencereye koyun.

Üzerine bir avuç Çin lahanası ekleyin ve yavaş pişiriciyi doldurun.

Hepsini bir kerede koyamıyorsanız, önce ilk partinin pişmesine izin verin ve daha fazla Çin lahanası ekleyin.

Brokoli yumuşayana kadar orta ateşte 3-4 saat pişirin.

Kenarlarını kazıyıp servis yapın.

Ispanak ve Shitake Mantarları

İÇİNDEKİLER

1 ½ kg karnabahar, soyulmuş ve 1 inçlik parçalar halinde kesilmiş

½ kilogram shitake mantarı, dilimlenmiş

½ kırmızı soğan, ince dilimlenmiş

bir bardak sebze suyu

2 kaşık. Susam tohumu yağı

½ çay kaşığı sirke

½ çay kaşığı sarımsak, kıyılmış

karabiber

½ kilo taze ıspanak, iri doğranmış

Sonuncusu hariç tüm malzemeleri yavaş tencereye koyun.

Bir avuç ıspanakla örtün ve yavaş pişiriciyi doldurun.

Hepsini aynı anda sığdıramazsanız, önce ilk partinin pişmesine izin verin ve daha fazla ıspanak ekleyin.

Karnabaharlar yumuşayana kadar orta ateşte 3-4 saat pişirin.

Kenarlarını kazıyıp servis yapın.

Pesto soslu ıspanak ve patates

İÇİNDEKİLER

1 ½ kg patates, soyulmuş ve 1 inçlik parçalar halinde kesilmiş

½ soğan, ince dilimlenmiş

bir bardak sebze suyu

1 kaşık. sızma zeytinyağı

2 kaşık. Pesto Sos

karabiber

½ kilo taze ıspanak, iri doğranmış

Sonuncusu hariç tüm malzemeleri yavaş tencereye koyun.

Bir avuç ıspanakla örtün ve yavaş pişiriciyi doldurun.

Hepsini aynı anda sığdıramazsanız, önce ilk partinin pişmesine izin verin ve daha fazla ıspanak ekleyin.

Patatesler yumuşayana kadar orta ateşte 3-4 saat pişirin.

Kenarlarını kazıyıp servis yapın.

Körili ve yeşil lahanalı tatlı patates

İÇİNDEKİLER

1 ½ kg tatlı patates, soyulmuş ve 1 inçlik parçalar halinde kesilmiş

½ soğan, ince dilimlenmiş

bir bardak sebze suyu

1 kaşık. sızma zeytinyağı

2 kaşık. kırmızı köri tozu

karabiber

½ kilo taze lahana, iri kıyılmış

Sonuncusu hariç tüm malzemeleri yavaş tencereye koyun.

Bir avuç lahana ile örtün ve yavaş pişiriciyi doldurun.

Hepsini bir kerede koyamazsanız, önce ilk partinin pişmesine izin verin ve daha fazla lahana ekleyin.

Tatlı patatesler yumuşayana kadar orta ateşte 3 ila 4 saat pişirin.

Kenarlarını kazıyıp servis yapın.

Şalgam üstleri ve pestolu şalgamlar

İÇİNDEKİLER

1 ½ kg şalgam, soyulmuş ve 1 inçlik parçalar halinde kesilmiş

½ soğan, ince dilimlenmiş

bir bardak sebze suyu

1 kaşık. sızma zeytinyağı

2 kaşık. Pesto Sos

karabiber

½ kilogram taze şalgam yeşillikleri, iri kıyılmış

Sonuncusu hariç tüm malzemeleri yavaş tencereye koyun.

Bir avuç şalgam yeşillikleriyle süsleyin ve yavaş pişiriciyi doldurun.

Hepsini bir kerede sığdıramazsanız, önce ilk partinin pişmesine izin verin ve daha fazla şalgam yeşillikleri ekleyin.

Şalgamlar yumuşayana kadar orta ateşte 3-4 saat pişirin.

Kenarlarını kazıyıp servis yapın.

Pestolu Pazı ve Havuç

İÇİNDEKİLER

1 ½ kg havuç, soyulmuş ve 1 inçlik parçalar halinde kesilmiş

½ kırmızı soğan, ince dilimlenmiş

bir bardak sebze suyu

2 kaşık. sızma zeytinyağı

3 kaşık. Pesto Sos

karabiber

½ kilogram taze pancar, iri doğranmış

Sonuncusu hariç tüm malzemeleri yavaş tencereye koyun.

Bir avuç dolusu stokla örtün ve yavaş pişiriciyi doldurun.

Hepsini aynı anda yapamıyorsanız, önce ilk partinin pişmesine izin verin ve daha fazla duman ekleyin.

Havuçlar yumuşayana kadar orta ateşte 3-4 saat pişirin.

Kenarlarını kazıyıp servis yapın.

Biber ve sarımsak soslu Çin lahanası ve havuç

İÇİNDEKİLER

1 ½ kg havuç, soyulmuş ve 1 inçlik parçalar halinde kesilmiş

½ soğan, ince dilimlenmiş

bir bardak sebze suyu

1 kaşık. Susam yağı

4 diş sarımsak, doğranmış

2 kaşık. biber sarımsak sosu

karabiber

½ kilo taze Bok Choy, iri doğranmış

Sonuncusu hariç tüm malzemeleri yavaş tencereye koyun.

Bir avuç Bok Choy ile örtün ve yavaş pişiriciyi doldurun.

Hepsini aynı anda sığdıramazsanız, önce ilk partinin pişmesine izin verin ve daha fazla Bok Choy ekleyin.

Havuçlar yumuşayana kadar orta ateşte 3-4 saat pişirin.

Kenarlarını kazıyıp servis yapın.

Haşlanmış şalgam ve yaban havucu üstleri

İÇİNDEKİLER

1 ½ kg yaban havucu, soyulmuş ve 1 inçlik parçalar halinde kesilmiş

½ soğan, ince dilimlenmiş

bir bardak sebze suyu

1 kaşık. sızma zeytinyağı

karabiber

½ kilogram taze şalgam yeşillikleri, iri kıyılmış

Sonuncusu hariç tüm malzemeleri yavaş tencereye koyun.

Bir avuç ıspanakla örtün ve yavaş pişiriciyi doldurun.

Hepsini aynı anda sığdıramazsanız, önce ilk partinin pişmesine izin verin ve daha fazla ıspanak ekleyin.

Patatesler yumuşayana kadar orta ateşte 3-4 saat pişirin.

Kenarlarını kazıyıp servis yapın.

Haşlanmış şalgam ve yaban havucu üstleri

Yavaş Pişmiş Lahana ve Brokoli

İÇİNDEKİLER

1 ½ kilogram brokoli çiçeği

½ soğan, ince dilimlenmiş

bir bardak sebze suyu

1 kaşık. sızma zeytinyağı

2 kaşık. Pesto Sos

karabiber

½ kilo taze lahana, iri kıyılmış

Sonuncusu hariç tüm malzemeleri yavaş tencereye koyun.

Üzerine bir avuç lahana ekleyin ve yavaş pişiriciyi doldurun.

Hepsini bir kerede yapamıyorsanız, önce ilk partinin pişmesine izin verin ve daha fazla lahana ekleyin.

Brokoli çiçekleri yumuşayana kadar orta ateşte 3-4 saat pişirin.

Kenarlarını kazıyıp servis yapın.

Hindiba ve pestolu haşlanmış havuç

İÇİNDEKİLER

1 ½ kg havuç, soyulmuş ve 1 inçlik parçalar halinde kesilmiş

½ soğan, ince dilimlenmiş

bir bardak sebze suyu

1 kaşık. sızma zeytinyağı

2 kaşık. Pesto Sos

karabiber

½ kilogram taze hindiba, iri kıyılmış

Sonuncusu hariç tüm malzemeleri yavaş tencereye koyun.

Bir avuç hindibayla kaplayın ve yavaş pişiriciyi doldurun.

Hepsini aynı anda sığdıramazsanız, önce ilk partinin pişmesine izin verin ve daha fazla hindiba ekleyin.

Havuçlar yumuşayana kadar orta ateşte 3-4 saat pişirin.

Kenarlarını kazıyıp servis yapın.

Yavaş Pişirilmiş Romaine Salatası ve Brüksel Lahanası

İÇİNDEKİLER

1 buçuk kilo Brüksel lahanası

½ soğan, ince dilimlenmiş

bir bardak sebze suyu

1 kaşık. sızma zeytinyağı

karabiber

½ kilo taze marul, iri kıyılmış

Sonuncusu hariç tüm malzemeleri yavaş tencereye koyun.

Bir avuç marulla kaplayın ve yavaş pişiriciyi doldurun.

Hepsini bir kerede sığdıramazsanız, önce ilk partinin pişmesine izin verin ve daha fazla marul ekleyin.

Brüksel lahanaları yumuşayana kadar orta ateşte 3 saat pişirin.

Kenarlarını kazıyıp servis yapın.

Hindiba ve yavaş pişirilmiş patates

İÇİNDEKİLER

1 ½ kg patates, soyulmuş ve 1 inçlik parçalar halinde kesilmiş

½ soğan, ince dilimlenmiş

bir bardak sebze suyu

1 kaşık. sızma zeytinyağı

1 çay kaşığı. İtalyan baharatları

karabiber

½ kilogram taze hindiba, iri kıyılmış

Sonuncusu hariç tüm malzemeleri yavaş tencereye koyun.

Bir avuç ıspanakla örtün ve yavaş pişiriciyi doldurun.

Hepsini aynı anda sığdıramazsanız, önce ilk partinin pişmesine izin verin ve daha fazla ıspanak ekleyin.

Patatesler yumuşayana kadar orta ateşte 3-4 saat pişirin.

Kenarlarını kazıyıp servis yapın.

Yavaş Pişirilmiş Şalgam ve Vegan Tereyağlı Şalgam

İÇİNDEKİLER

1 ½ kg şalgam, soyulmuş ve 1 inçlik parçalar halinde kesilmiş

½ soğan, ince dilimlenmiş

bir bardak sebze suyu

4 kaşık. vegan tereyağı veya margarin

2 kaşık. limon suyu

3 diş sarımsak, doğranmış

karabiber

½ kilogram taze şalgam yeşillikleri, iri kıyılmış

Sonuncusu hariç tüm malzemeleri yavaş tencereye koyun.

Bir avuç şalgam yeşillikleriyle süsleyin ve yavaş pişiriciyle doldurun.

Hepsini aynı anda sığdıramazsanız, önce ilk partinin pişmesine izin verin ve daha fazla şalgam yeşillikleri ekleyin.

Şalgamlar yumuşayana kadar orta ateşte 3-4 saat pişirin.

Kenarlarını kazıyıp servis yapın.

Vegan tereyağında pişirilmiş lahana ve yaban havucu
İÇİNDEKİLER

1 ½ kg yaban havucu, soyulmuş ve 1 inçlik parçalar halinde kesilmiş

½ soğan, ince dilimlenmiş

bir bardak sebze suyu

4 kaşık. eritilmiş vegan tereyağı

2 kaşık. limon suyu

karabiber

½ kilo taze lahana, iri kıyılmış

Sonuncusu hariç tüm malzemeleri yavaş tencereye koyun.

Üzerine bir avuç lahana ekleyin ve yavaş pişiriciyi doldurun.

Hepsini bir kerede yapamıyorsanız, önce ilk partinin pişmesine izin verin ve daha fazla lahana ekleyin.

Yaban havuçları yumuşayana kadar orta ateşte 3 ila 4 saat pişirin.

Kenarlarını kazıyıp servis yapın.

Yavaş Pişmiş Çin Usulü Ispanak ve Havuç

İÇİNDEKİLER

1 ½ kg havuç, soyulmuş ve 1 inçlik parçalar halinde kesilmiş

½ soğan, ince dilimlenmiş

bir bardak sebze suyu

1 kaşık. Susam yağı

2 kaşık. hoi sin sosu

karabiber

½ kilo taze ıspanak, iri doğranmış

Sonuncusu hariç tüm malzemeleri yavaş tencereye koyun.

Bir avuç ıspanakla örtün ve yavaş pişiriciyi doldurun.

Hepsini aynı anda sığdıramazsanız, önce ilk partinin pişmesine izin verin ve daha fazla ıspanak ekleyin.

Havuçlar yumuşayana kadar orta ateşte 3-4 saat pişirin.

Kenarlarını kazıyıp servis yapın.

Yavaş Pişmiş Çin Lahanası ve Havuç

İÇİNDEKİLER

1 ½ kg havuç, soyulmuş ve 1 inçlik parçalar halinde kesilmiş

½ soğan, ince dilimlenmiş

bir bardak sebze suyu

1 kaşık. Susam yağı

1 kaşık. kolza yağı

2 kaşık. hoi sin sosu

karabiber

½ kilo taze Bok Choy, iri doğranmış

Sonuncusu hariç tüm malzemeleri yavaş tencereye koyun.

Üzerine bir avuç Çin lahanası ekleyin ve yavaş pişiriciyi doldurun.

Hepsini bir kerede koyamıyorsanız, önce ilk partinin pişmesine izin verin ve daha fazla Çin lahanası ekleyin.

Havuçlar yumuşayana kadar orta ateşte 3-4 saat pişirin.

Kenarlarını kazıyıp servis yapın.

Yavaş Pişirilen Mikro Sebzeler ve Patatesler

İÇİNDEKİLER

1 ½ kg patates, soyulmuş ve 1 inçlik parçalar halinde kesilmiş

½ soğan, ince dilimlenmiş

bir bardak sebze suyu

2 kaşık. sızma zeytinyağı

1 çay kaşığı. annatto tohumları

1 çay kaşığı. kimyon

1 çay kaşığı. limon suyu

karabiber

½ kilogram taze mikro sebze, iri doğranmış

Sonuncusu hariç tüm malzemeleri yavaş tencereye koyun.

Bir avuç mikro sebzeyle kaplayın ve yavaş pişiriciyi doldurun.

Hepsini aynı anda sığdıramazsanız, önce ilk partinin pişmesine izin verin ve daha fazla mikro yeşillik ekleyin.

Patatesler yumuşayana kadar orta ateşte 3-4 saat pişirin.

Kenarlarını kazıyıp servis yapın.

Yavaş Pişirilmiş Sebze ve Patates

İÇİNDEKİLER

1 ½ kg tatlı patates, soyulmuş ve 1 inçlik parçalar halinde kesilmiş

½ soğan, ince dilimlenmiş

bir bardak sebze suyu

1 kaşık. sızma zeytinyağı

2 kaşık. Pesto Sos

karabiber

½ kilo taze lahana, iri kıyılmış

Sonuncusu hariç tüm malzemeleri yavaş tencereye koyun.

Bir avuç lahana ile örtün ve yavaş pişiriciyi doldurun.

Hepsini bir kerede koyamazsanız, önce ilk partinin pişmesine izin verin ve daha fazla lahana ekleyin.

Tatlı patatesler yumuşayana kadar orta ateşte 3 ila 4 saat pişirin.

Kenarlarını kazıyıp servis yapın.

Mor lahana ve yavaş pişirilmiş patates

İÇİNDEKİLER

1 ½ kg patates, soyulmuş ve 1 inçlik parçalar halinde kesilmiş

½ soğan, ince dilimlenmiş

bir bardak sebze suyu

1 kaşık. sızma zeytinyağı

karabiber

½ kilo taze mor lahana, iri kıyılmış

Sonuncusu hariç tüm malzemeleri yavaş tencereye koyun.

Bir avuç mor lahana ile kaplayın ve yavaş pişiriciyi doldurun.

Hepsini aynı anda yapamıyorsanız, önce ilk partinin pişmesine izin verin ve daha fazla mor lahana ekleyin.

Patatesler yumuşayana kadar orta ateşte 3-4 saat pişirin.

Kenarlarını kazıyıp servis yapın.

Yavaş Pişmiş Lahana ve Havuç

İÇİNDEKİLER

1 ½ kg havuç, soyulmuş ve 1 inçlik parçalar halinde kesilmiş

½ soğan, ince dilimlenmiş

bir bardak sebze suyu

1 kaşık. sızma zeytinyağı

karabiber

½ kilo taze lahana, iri kıyılmış

Sonuncusu hariç tüm malzemeleri yavaş tencereye koyun.

Bir avuç lahana ile örtün ve yavaş pişiriciyi doldurun.

Hepsini bir kerede yapamıyorsanız, önce ilk partinin pişmesine izin verin ve daha fazla lahana ekleyin.

Havuçlar yumuşayana kadar orta ateşte 3-4 saat pişirin.

Kenarlarını kazıyıp servis yapın.

Pesto soslu yavaş pişirilmiş hindiba

İÇİNDEKİLER

1 ½ kg patates, soyulmuş ve 1 inçlik parçalar halinde kesilmiş

½ soğan, ince dilimlenmiş

bir bardak sebze suyu

1 kaşık. sızma zeytinyağı

2 kaşık. Pesto Sos

karabiber

½ kilogram taze hindiba, iri kıyılmış

Sonuncusu hariç tüm malzemeleri yavaş tencereye koyun.

Bir avuç hindibayla kaplayın ve yavaş pişiriciyi doldurun.

Hepsini aynı anda sığdıramazsanız, önce ilk partinin pişmesine izin verin ve daha fazla hindiba ekleyin.

Patatesler yumuşayana kadar orta ateşte 3-4 saat pişirin.

Kenarlarını kazıyıp servis yapın.

Pesto ile yavaş pişirilmiş şalgam üstleri

İÇİNDEKİLER

1 ½ kg patates, soyulmuş ve 1 inçlik parçalar halinde kesilmiş

½ soğan, ince dilimlenmiş

bir bardak sebze suyu

1 kaşık. sızma zeytinyağı

2 kaşık. Pesto Sos

karabiber

½ kilogram taze şalgam yeşillikleri, iri kıyılmış

Sonuncusu hariç tüm malzemeleri yavaş tencereye koyun.

Bir avuç şalgam yeşillikleriyle süsleyin ve yavaş pişiriciyle doldurun.

Hepsini aynı anda sığdıramazsanız, önce ilk partinin pişmesine izin verin ve daha fazla şalgam yeşillikleri ekleyin.

Patatesler yumuşayana kadar orta ateşte 3-4 saat pişirin.

Kenarlarını kazıyıp servis yapın.

Sarı Fasulye Soslu Yavaş Pişmiş Çin Lahanası

İÇİNDEKİLER

1 ½ kg şalgam, soyulmuş ve 1 inçlik parçalar halinde kesilmiş

½ soğan, ince dilimlenmiş

bir bardak sebze suyu

1 kaşık. Susam tohumu yağı

2 kaşık. doğranmış yeşil soğan, doğranmış

4 kaşık. sarımsak, ince doğranmış

2 kaşık. Çin Sarı Fasulye Sosu

karabiber

½ kilogram taze Çin lahanası, iri kıyılmış

Sonuncusu hariç tüm malzemeleri yavaş tencereye koyun.

Üzerine bir avuç Çin lahanası ekleyin ve yavaş pişiriciyi doldurun.

Hepsini bir kerede koyamıyorsanız, önce ilk partinin pişmesine izin verin ve daha fazla Çin lahanası ekleyin.

Şalgamlar yumuşayana kadar orta ateşte 3-4 saat pişirin.

Kenarlarını kazıyıp servis yapın.

Şalgam üstleri ve pesto soslu pişmiş patates

İÇİNDEKİLER

1 ½ kg patates, soyulmuş ve 1 inçlik parçalar halinde kesilmiş

½ soğan, ince dilimlenmiş

bir bardak sebze suyu

1 kaşık. sızma zeytinyağı

2 kaşık. Pesto Sos

karabiber

½ kilogram taze şalgam yeşillikleri, iri kıyılmış

Sonuncusu hariç tüm malzemeleri yavaş tencereye koyun.

Bir avuç şalgam yeşillikleriyle süsleyin ve yavaş pişiriciyle doldurun.

Hepsini aynı anda sığdıramazsanız, önce ilk partinin pişmesine izin verin ve daha fazla şalgam yeşillikleri ekleyin.

Patatesler yumuşayana kadar orta ateşte 3-4 saat pişirin.

Kenarlarını kazıyıp servis yapın.

Kiraz domatesli fırında Shitake mantarı

İÇİNDEKİLER

1 kilo şalgam, ikiye bölünmüş

2 yemek kaşığı sızma zeytinyağı

1/2 kilogram shitake mantarı

8 diş soyulmamış sarımsak

3 yemek kaşığı susam yağı

tatmak için deniz tuzu ve öğütülmüş karabiber

1/4 kilogram kiraz domates

3 yemek kaşığı kavrulmuş kaju

1/4 kiloluk ıspanak, ince dilimlenmiş

Fırını 425 derece F'ye önceden ısıtın.

Patatesleri bir tavaya yayın

Üzerine 2 yemek kaşığı yağ gezdirin ve bir kez çevirerek 15 dakika pişirin.

Mantarları sap kısmı yukarı bakacak şekilde ekleyin

Tavaya sarımsak dişlerini ekleyin ve hafifçe kızarana kadar pişirin.

1 yemek kaşığı susam yağıyla, deniz tuzu ve karabiberle tatlandırın.

Fırına dönün ve 5 dakika pişirin.

Kiraz domatesleri tavaya ekleyin.

Tekrar fırına verip mantarlar yumuşayana kadar 5 dakika kadar pişirin.

Kaju fıstığını patates ve mantarların üzerine serpin.

Ispanakla servis yapın.

Macadamia fındıklı fırında yaban havucu ve petrol

İÇİNDEKİLER

1 kilogram yaban havucu, ikiye bölünmüş

2 yemek kaşığı sızma zeytinyağı

1/2 kilogram düğme mantarı

8 diş soyulmamış sarımsak

2 yemek kaşığı taze doğranmış kekik

1 yemek kaşığı sızma zeytinyağı

tatmak için deniz tuzu ve öğütülmüş karabiber

1/4 kilogram kiraz domates

3 yemek kaşığı kavrulmuş macadamia fıstığı

1/4 kiloluk ıspanak, ince dilimlenmiş

Macadamia fındıklı fırında yaban havucu ve petrol

Fırını 425 derece F'ye önceden ısıtın.

Yaban havuçlarını bir tavaya yayın

Üzerine 2 yemek kaşığı zeytinyağı gezdirin ve bir kez çevirerek 15 dakika pişirin.

Mantarları sap kısmı yukarı bakacak şekilde ekleyin

Tavaya sarımsak dişlerini ekleyin ve hafifçe kızarana kadar pişirin.

Kekik serpin.

1 yemek kaşığı zeytinyağını gezdirip deniz tuzu ve karabiberle tatlandırın.

Fırına dönün ve 5 dakika pişirin.

Kiraz domatesleri tavaya ekleyin.

Tekrar fırına verip mantarlar yumuşayana kadar 5 dakika kadar pişirin.

Macadamia fıstıklarını patateslerin ve mantarların üzerine serpin.

Ispanakla servis yapın.

Kiraz domatesli ve çam fıstıklı fırında mantar

İÇİNDEKİLER

1 kilo patates ikiye bölünmüş

2 yemek kaşığı sızma zeytinyağı

1/2 kilogram düğme mantarı

8 diş soyulmamış sarımsak

2 çay kaşığı kimyon

1 çay kaşığı. annatto tohumları

½ çay kaşığı. kırmızı biber

1 yemek kaşığı sızma zeytinyağı

tatmak için deniz tuzu ve öğütülmüş karabiber

1/4 kilogram kiraz domates

3 yemek kaşığı kavrulmuş çam fıstığı

1/4 kiloluk ıspanak, ince dilimlenmiş

Fırını 425 derece F'ye önceden ısıtın.

Patatesleri bir tavaya yayın

Üzerine 2 yemek kaşığı zeytinyağı gezdirin ve bir kez çevirerek 15 dakika pişirin.

Mantarları sap kısmı yukarı bakacak şekilde ekleyin

Tavaya sarımsak dişlerini ekleyin ve hafifçe kızarana kadar pişirin.

Kimyon, kırmızı biber ve annatto tohumlarını serpin.

1 yemek kaşığı zeytinyağını gezdirip deniz tuzu ve karabiberle tatlandırın.

Fırına dönün ve 5 dakika pişirin.

Kiraz domatesleri tavaya ekleyin.

Tekrar fırına verip mantarlar yumuşayana kadar 5 dakika kadar pişirin.

Çam fıstıklarını patates ve mantarların üzerine serpin.

Ispanakla servis yapın.

Fırında körili patates

İÇİNDEKİLER

1 ½ kg patates, soyulmuş ve 1 inçlik parçalar halinde kesilmiş

½ soğan, ince dilimlenmiş

bir bardak su

½ küp sebze, doğranmış

1 kaşık. sızma zeytinyağı

½ çay kaşığı kimyon

½ çay kaşığı öğütülmüş kişniş

½ çay kaşığı garam masala

½ çay kaşığı biber tozu

karabiber

½ kilo taze ıspanak, iri doğranmış

Sonuncusu hariç tüm malzemeleri yavaş tencereye koyun.

Bir avuç ıspanakla örtün ve yavaş pişiriciyi doldurun.

Hepsini aynı anda sığdıramazsanız, önce ilk partinin pişmesine izin verin ve daha fazla ıspanak ekleyin.

Patatesler yumuşayana kadar orta ateşte 3-4 saat pişirin.

Kenarlarını kazıyıp servis yapın.

Fırında ıspanak ve yaban havucu

İÇİNDEKİLER

1 ½ kg yaban havucu, soyulmuş ve 1 inçlik parçalar halinde kesilmiş

½ kırmızı soğan, ince dilimlenmiş

bir bardak su

½ küp sebze, doğranmış

1 kaşık. sızma zeytinyağı

½ çay kaşığı kimyon

½ çay kaşığı annatto tohumu

½ çay kaşığı acı biber

½ çay kaşığı biber tozu

karabiber

½ kilo taze ıspanak, iri doğranmış

Sonuncusu hariç tüm malzemeleri yavaş tencereye koyun.

Bir avuç ıspanakla örtün ve yavaş pişiriciyi doldurun.

Hepsini aynı anda sığdıramazsanız, önce ilk partinin pişmesine izin verin ve daha fazla ıspanak ekleyin.

Patatesler yumuşayana kadar orta ateşte 3-4 saat pişirin.

Kenarlarını kazıyıp servis yapın.

Kavrulmuş Lahana ve Tatlı Patates

İÇİNDEKİLER

1 ½ kg tatlı patates, soyulmuş ve 1 inçlik parçalar halinde kesilmiş

½ soğan, ince dilimlenmiş

bir bardak su

½ küp sebze, doğranmış

1 kaşık. sızma zeytinyağı

½ çay kaşığı kimyon

½ çay kaşığı jalapeno biberi, doğranmış

½ çay kaşığı kırmızı biber

½ çay kaşığı biber tozu

karabiber

½ kilo taze lahana, iri kıyılmış

Sonuncusu hariç tüm malzemeleri yavaş tencereye koyun.

Üzerine bir avuç lahana ekleyin ve yavaş pişiriciyi doldurun.

Hepsini bir kerede yapamıyorsanız, önce ilk partinin pişmesine izin verin ve daha fazla lahana ekleyin.

Patatesler yumuşayana kadar orta ateşte 3-4 saat pişirin.

Siçuan usulü pişmiş su teresi ve havuç

İÇİNDEKİLER

1 ½ kg havuç, soyulmuş ve 1 inçlik parçalar halinde kesilmiş

½ kırmızı soğan, ince dilimlenmiş

bir bardak su

½ küp sebze, doğranmış

1 kaşık. Susam yağı

½ çay kaşığı 5 Çin baharatı tozu

½ çay kaşığı Siçuan karabiberi

½ çay kaşığı biber tozu

karabiber

½ kilogram taze su teresi, iri doğranmış

Sonuncusu hariç tüm malzemeleri yavaş tencereye koyun.

Bir avuç su teresi ile kaplayın ve yavaş pişiriciyi doldurun.

Hepsini aynı anda yapamıyorsanız, önce ilk partinin pişmesine izin verin ve daha fazla su teresi ekleyin.

Havuçlar yumuşayana kadar orta ateşte 3-4 saat pişirin.

Kavrulmuş ve baharatlı soğan ve şalgam

İÇİNDEKİLER

1 ½ kg şalgam, soyulmuş ve 1 inçlik parçalar halinde kesilmiş

½ soğan, ince dilimlenmiş

bir bardak su

½ küp sebze, doğranmış

1 kaşık. sızma zeytinyağı

½ çay kaşığı kimyon

½ çay kaşığı annatto tohumu

½ çay kaşığı acı biber

½ çay kaşığı limon suyu

karabiber

½ kilo taze ıspanak, iri doğranmış

Sonuncusu hariç tüm malzemeleri yavaş tencereye koyun.

Bir avuç ıspanakla örtün ve yavaş pişiriciyi doldurun.

Hepsini aynı anda sığdıramazsanız, önce ilk partinin pişmesine izin verin ve daha fazla ıspanak ekleyin.

Kök sebzeler yumuşayana kadar orta ateşte 3 ila 4 saat pişirin.

Körili havuç

İÇİNDEKİLER

1 ½ kg havuç, soyulmuş ve 1 inçlik parçalar halinde kesilmiş

½ soğan, ince dilimlenmiş

bir bardak su

½ küp sebze, doğranmış

1 kaşık. sızma zeytinyağı

½ çay kaşığı kimyon

½ çay kaşığı öğütülmüş kişniş

½ çay kaşığı garam masala

½ çay kaşığı biber tozu

karabiber

½ kilo taze lahana, iri kıyılmış

Sonuncusu hariç tüm malzemeleri yavaş tencereye koyun.

Üzerine bir avuç lahana ekleyin ve yavaş pişiriciyi doldurun.

Hepsini bir kerede yapamıyorsanız, önce ilk partinin pişmesine izin verin ve daha fazla lahana ekleyin.

Kök sebzeler yumuşayana kadar orta ateşte 3 ila 4 saat pişirin.

Baharatlı Kızartılmış Ispanak ve Soğan

İÇİNDEKİLER

1 ½ kg havuç, soyulmuş ve 1 inçlik parçalar halinde kesilmiş

½ soğan, ince dilimlenmiş

bir bardak su

½ küp sebze, doğranmış

1 kaşık. sızma zeytinyağı

½ çay kaşığı kimyon

½ çay kaşığı annatto tohumu

½ çay kaşığı acı biber

½ çay kaşığı limon suyu

karabiber

½ kilo taze ıspanak, iri doğranmış

Sonuncusu hariç tüm malzemeleri yavaş tencereye koyun.

Bir avuç ıspanakla örtün ve yavaş pişiriciyi doldurun.

Hepsini aynı anda sığdıramazsanız, önce ilk partinin pişmesine izin verin ve daha fazla ıspanak ekleyin.

Kök sebzeler yumuşayana kadar orta ateşte 3 ila 4 saat pişirin.

Tatlı Patates ve Ispanak Kızartması

İÇİNDEKİLER

1 ½ kg tatlı patates, soyulmuş ve 1 inçlik parçalar halinde kesilmiş

½ soğan, ince dilimlenmiş

bir bardak su

½ küp sebze, doğranmış

2 kaşık. vegan tereyağı veya margarin

½ çay kaşığı Provence otları

½ çay kaşığı kekik

½ çay kaşığı biber tozu

karabiber

½ kilo taze ıspanak, iri doğranmış

Sonuncusu hariç tüm malzemeleri yavaş tencereye koyun.

Bir avuç ıspanakla örtün ve yavaş pişiriciyi doldurun.

Hepsini aynı anda sığdıramazsanız, önce ilk partinin pişmesine izin verin ve daha fazla ıspanak ekleyin.

Patatesler yumuşayana kadar orta ateşte 3-4 saat pişirin.

Kavrulmuş şalgam, soğan ve ıspanak

İÇİNDEKİLER

1 ½ kg şalgam, soyulmuş ve 1 inçlik parçalar halinde kesilmiş

½ soğan, ince dilimlenmiş

bir bardak su

½ küp sebze, doğranmış

1 kaşık. sızma zeytinyağı

2 çay kaşığı sarımsak, kıyılmış

½ çay kaşığı limon suyu

½ çay kaşığı biber tozu

karabiber

½ kilo taze ıspanak, iri doğranmış

Sonuncusu hariç tüm malzemeleri yavaş tencereye koyun.

Bir avuç ıspanakla örtün ve yavaş pişiriciyi doldurun.

Hepsini aynı anda sığdıramazsanız, önce ilk partinin pişmesine izin verin ve daha fazla ıspanak ekleyin.

Şalgamlar yumuşayana kadar orta ateşte 3-4 saat pişirin.

Kızarmış vegan tereyağlı su teresi ve havuç

İÇİNDEKİLER

1 ½ kg havuç, soyulmuş ve 1 inçlik parçalar halinde kesilmiş

½ soğan, ince dilimlenmiş

bir bardak su

½ küp sebze, doğranmış

1 kaşık. vegan tereyağı/margarin

1 çay kaşığı sarımsak, kıyılmış

½ çay kaşığı limon suyu

karabiber

½ kilogram taze su teresi, iri doğranmış

Sonuncusu hariç tüm malzemeleri yavaş tencereye koyun.

Bir avuç su teresi ile kaplayın ve yavaş pişiriciyi doldurun.

Hepsini aynı anda yapamıyorsanız, önce ilk partinin pişmesine izin verin ve daha fazla su teresi ekleyin.

Havuçlar yumuşayana kadar orta ateşte 3-4 saat pişirin.

Fırında Brokoli ve Ispanak

İÇİNDEKİLER

1 ½ kilogram brokoli çiçeği

½ soğan, ince dilimlenmiş

bir bardak su

½ küp sebze, doğranmış

1 kaşık. sızma zeytinyağı

½ çay kaşığı kimyon

½ çay kaşığı biber tozu

karabiber

½ kilo taze ıspanak, iri doğranmış

Sonuncusu hariç tüm malzemeleri yavaş tencereye koyun.

Bir avuç ıspanakla örtün ve yavaş pişiriciyi doldurun.

Hepsini aynı anda sığdıramazsanız, önce ilk partinin pişmesine izin verin ve daha fazla ıspanak ekleyin.

Brokoli yumuşayana kadar orta ateşte 3-4 saat pişirin.

Füme kızarmış karnabahar ve soğan

İÇİNDEKİLER

1 ½ kg karnabahar, soyulmuş ve 1 inçlik parçalar halinde kesilmiş

½ kırmızı soğan, ince dilimlenmiş

bir bardak su

½ küp sebze, doğranmış

1 kaşık. sızma zeytinyağı

½ çay kaşığı kimyon

½ çay kaşığı biber tozu

karabiber

½ kilo taze ıspanak, iri doğranmış

Sonuncusu hariç tüm malzemeleri yavaş tencereye koyun.

Bir avuç ıspanakla örtün ve yavaş pişiriciyi doldurun.

Hepsini aynı anda sığdıramazsanız, önce ilk partinin pişmesine izin verin ve daha fazla ıspanak ekleyin.

Patatesler yumuşayana kadar orta ateşte 3-4 saat pişirin.

Kavrulmuş İtalyan Pancar ve Kale

İÇİNDEKİLER

1 ½ kg pancar, soyulmuş ve 1 inçlik parçalar halinde kesilmiş

½ kırmızı soğan, ince dilimlenmiş

bir bardak su

½ küp sebze, doğranmış

1 kaşık. sızma zeytinyağı

½ çay kaşığı İtalyan sosu

karabiber

½ kilo taze lahana, iri kıyılmış

Sonuncusu hariç tüm malzemeleri yavaş tencereye koyun.

Üzerine bir avuç lahana ekleyin ve yavaş pişiriciyi doldurun.

Hepsini bir kerede yapamıyorsanız, önce ilk partinin pişmesine izin verin ve daha fazla lahana ekleyin.

Pancarlar yumuşayana kadar orta ateşte 3-4 saat pişirin.

Su teresi ve fırında patates

İÇİNDEKİLER

1 ½ kg patates, soyulmuş ve 1 inçlik parçalar halinde kesilmiş

½ soğan, ince dilimlenmiş

bir bardak su

½ küp sebze, doğranmış

1 kaşık. zeytin yağı

½ çay kaşığı kıyılmış zencefil

2 dal limon otu

½ çay kaşığı yeşil soğan, doğranmış

½ çay kaşığı biber tozu

karabiber

½ kilogram su teresi, iri doğranmış

Sonuncusu hariç tüm malzemeleri yavaş tencereye koyun.

Bir avuç su teresi ile kaplayın ve yavaş pişiriciyi doldurun.

Hepsini aynı anda yapamıyorsanız, önce ilk partinin pişmesine izin verin ve daha fazla su teresi ekleyin.

Patatesler yumuşayana kadar orta ateşte 3-4 saat pişirin.

Zeytinli Kavrulmuş Ispanak

İÇİNDEKİLER

1 ½ kg patates, soyulmuş ve 1 inçlik parçalar halinde kesilmiş

½ yeşil zeytin, ince dilimlenmiş

bir bardak su

½ küp sebze, doğranmış

1 kaşık. sızma zeytinyağı

½ çay kaşığı kimyon

½ çay kaşığı biber tozu

karabiber

½ kilo taze ıspanak, iri doğranmış

Sonuncusu hariç tüm malzemeleri yavaş tencereye koyun.

Bir avuç ıspanakla örtün ve yavaş pişiriciyi doldurun.

Hepsini aynı anda sığdıramazsanız, önce ilk partinin pişmesine izin verin ve daha fazla ıspanak ekleyin.

Patatesler yumuşayana kadar orta ateşte 3-4 saat pişirin.

Jalapeno Biberli Sotelenmiş Ispanak

İÇİNDEKİLER

1 ½ kilogram brokoli çiçeği

½ soğan, ince dilimlenmiş

bir bardak su

½ küp sebze, doğranmış

1 kaşık. sızma zeytinyağı

½ çay kaşığı kimyon

8 jalapeno biber, ince doğranmış

1 ancho biberi

½ çay kaşığı biber tozu

karabiber

½ kilo taze ıspanak, iri doğranmış

Sonuncusu hariç tüm malzemeleri yavaş tencereye koyun.

Bir avuç ıspanakla örtün ve yavaş pişiriciyi doldurun.

Hepsini aynı anda sığdıramazsanız, önce ilk partinin pişmesine izin verin ve daha fazla ıspanak ekleyin.

Brokoli yumuşayana kadar orta ateşte 3-4 saat pişirin.

Kavrulmuş Ispanaklı Köri

İÇİNDEKİLER

1 ½ kg patates, soyulmuş ve 1 inçlik parçalar halinde kesilmiş

½ soğan, ince dilimlenmiş

bir bardak su

½ küp sebze, doğranmış

1 kaşık. sızma zeytinyağı

½ çay kaşığı kimyon

½ çay kaşığı öğütülmüş kişniş

½ çay kaşığı garam masala

½ çay kaşığı biber tozu

karabiber

½ kilo taze ıspanak, iri doğranmış

Sonuncusu hariç tüm malzemeleri yavaş tencereye koyun.

Bir avuç ıspanakla örtün ve yavaş pişiriciyi doldurun.

Hepsini aynı anda sığdıramazsanız, önce ilk partinin pişmesine izin verin ve daha fazla ıspanak ekleyin.

Patatesler yumuşayana kadar orta ateşte 3-4 saat pişirin.

Fırında baharatlı Tayland fasulyesi filizi

İÇİNDEKİLER

1 ½ kg karnabahar çiçeği, beyazlatılmış (kaynar suya batırılmış ve daha sonra buzlu suya batırılmış)

½ bardak fasulye filizi, durulanmış

½ bardak su

½ küp sebze, doğranmış

1 kaşık. Susam yağı

½ çay kaşığı Tay biber salçası

½ çay kaşığı sıcak Sriracha sosu

½ çay kaşığı biber tozu

2 Tay kümes hayvanı biberi, doğranmış

karabiber

½ kilo taze ıspanak, iri doğranmış

Sonuncusu hariç tüm malzemeleri yavaş tencereye koyun.

Bir avuç ıspanakla örtün ve yavaş pişiriciyi doldurun.

Hepsini aynı anda sığdıramazsanız, önce ilk partinin pişmesine izin verin ve daha fazla ıspanak ekleyin.

Patatesler yumuşayana kadar orta ateşte 3-4 saat pişirin.

Baharatlı Ispanak ve Sichuan Şalgamları

İÇİNDEKİLER

1 ½ kg şalgam, soyulmuş ve 1 inçlik parçalar halinde kesilmiş

½ soğan, ince dilimlenmiş

bir bardak su

½ küp sebze, doğranmış

1 kaşık. Susam yağı

½ çay kaşığı sarımsaklı biber salçası

½ çay kaşığı Siçuan karabiberi

1 yıldız anason

2 Tay kümes hayvanı biberi, doğranmış

karabiber

½ kilo taze ıspanak, iri doğranmış

Sonuncusu hariç tüm malzemeleri yavaş tencereye koyun.

Bir avuç ıspanakla örtün ve yavaş pişiriciyi doldurun.

Hepsini aynı anda sığdıramazsanız, önce ilk partinin pişmesine izin verin ve daha fazla ıspanak ekleyin.

Şalgamlar yumuşayana kadar orta ateşte 3-4 saat pişirin.

Tayland su teresi Havuç ve soğan

İÇİNDEKİLER

1 ½ kg havuç, soyulmuş ve 1 inçlik parçalar halinde kesilmiş

½ soğan, ince dilimlenmiş

bir bardak su

½ küp sebze, doğranmış

1 kaşık. sızma zeytinyağı

1 kaşık. Susam yağı

½ çay kaşığı Tay biber salçası

½ çay kaşığı sıcak Sriracha sosu

½ çay kaşığı biber tozu

2 Tay kümes hayvanı biberi, doğranmış

karabiber

½ kilogram su teresi, iri doğranmış

Sonuncusu hariç tüm malzemeleri yavaş tencereye koyun.

Bir avuç su teresi ile kaplayın ve yavaş pişiriciyi doldurun.

Hepsini aynı anda yapamıyorsanız, önce ilk partinin pişmesine izin verin ve daha fazla su teresi ekleyin.

Havuçlar yumuşayana kadar orta ateşte 3-4 saat pişirin.

Kızarmış yam ve tatlı tatlı patates

İÇİNDEKİLER

½ pound mor patates, soyulmuş ve 1 inçlik parçalar halinde kesilmiş

1 pound tatlı patates, soyulmuş ve 1 inçlik parçalar halinde kesilmiş

½ soğan, ince dilimlenmiş

bir bardak su

½ küp sebze, doğranmış

1 kaşık. sızma zeytinyağı

karabiber

½ kilo taze ıspanak, iri doğranmış

Sonuncusu hariç tüm malzemeleri yavaş tencereye koyun.

Bir avuç ıspanakla örtün ve yavaş pişiriciyi doldurun.

Hepsini aynı anda sığdıramazsanız, önce ilk partinin pişmesine izin verin ve daha fazla ıspanak ekleyin.

Patatesler yumuşayana kadar orta ateşte 3-4 saat pişirin.

Fırında beyaz patates ve patates

İÇİNDEKİLER

1/2 poundluk patates, soyulmuş ve 1 inçlik parçalar halinde kesilmiş

½ kg beyaz iplik, soyulmuş ve 1 inçlik parçalar halinde kesilmiş

1/2 poundluk havuç, soyulmuş ve 1 inçlik parçalar halinde kesilmiş

½ kırmızı soğan, ince dilimlenmiş

bir bardak su

½ küp sebze, doğranmış

1 kaşık. sızma zeytinyağı

½ çay kaşığı kimyon

½ çay kaşığı öğütülmüş kişniş

½ çay kaşığı garam masala

½ çay kaşığı acı biber

karabiber

½ kilo taze ıspanak, iri doğranmış

Sonuncusu hariç tüm malzemeleri yavaş tencereye koyun.

Bir avuç ıspanakla örtün ve yavaş pişiriciyi doldurun.

Hepsini aynı anda sığdıramazsanız, önce ilk partinin pişmesine izin verin ve daha fazla ıspanak ekleyin.

Patatesler yumuşayana kadar orta ateşte 3-4 saat pişirin.

Macar yaban havucu ve şalgam

İÇİNDEKİLER

1/2 pound şalgam, soyulmuş ve 1 inçlik parçalar halinde kesilmiş

1/2 poundluk havuç, soyulmuş ve 1 inçlik parçalar halinde kesilmiş

1/2 pound yaban havucu, soyulmuş ve 1 inçlik parçalar halinde kesilmiş

½ kırmızı soğan, ince dilimlenmiş

bir bardak su

½ küp sebze, doğranmış

1 kaşık. sızma zeytinyağı

½ çay kaşığı toz biber

½ çay kaşığı. biber tozu

karabiber

½ kilo taze ıspanak, iri doğranmış

Sonuncusu hariç tüm malzemeleri yavaş tencereye koyun.

Bir avuç ıspanakla örtün ve yavaş pişiriciyi doldurun.

Hepsini aynı anda sığdıramazsanız, önce ilk partinin pişmesine izin verin ve daha fazla ıspanak ekleyin.

Şalgamlar yumuşayana kadar orta ateşte 3-4 saat pişirin.

Basit pişmiş ıspanak

İÇİNDEKİLER

1 ½ kg brokoli, soyulmuş ve 1 inçlik parçalar halinde kesilmiş

½ kırmızı soğan, ince dilimlenmiş

bir bardak sebze suyu

1 kaşık. sızma zeytinyağı

½ çay kaşığı İtalyan sosu

½ çay kaşığı biber tozu

karabiber

½ kilo taze ıspanak, iri doğranmış

Sonuncusu hariç tüm malzemeleri yavaş tencereye koyun.

Bir avuç ıspanakla örtün ve yavaş pişiriciyi doldurun.

Hepsini aynı anda sığdıramazsanız, önce ilk partinin pişmesine izin verin ve daha fazla ıspanak ekleyin.

Brokoli yumuşayana kadar orta ateşte 3-4 saat pişirin.

Pişmiş Güneydoğu Asya Ispanak ve Havuç

İÇİNDEKİLER

1/2 pound şalgam, soyulmuş ve 1 inçlik parçalar halinde kesilmiş

1/2 poundluk havuç, soyulmuş ve 1 inçlik parçalar halinde kesilmiş

1/2 pound yaban havucu, soyulmuş ve 1 inçlik parçalar halinde kesilmiş

½ kırmızı soğan, ince dilimlenmiş

½ su bardağı sebze suyu

1 kaşık. sızma zeytinyağı

½ çay kaşığı kıyılmış zencefil

2 sap limon otu

8 diş sarımsak, doğranmış

karabiber

½ kilo taze ıspanak, iri doğranmış

Sonuncusu hariç tüm malzemeleri yavaş tencereye koyun.

Bir avuç ıspanakla örtün ve yavaş pişiriciyi doldurun.

Hepsini aynı anda sığdıramazsanız, önce ilk partinin pişmesine izin verin ve daha fazla ıspanak ekleyin.

Şalgamlar yumuşayana kadar orta ateşte 3-4 saat pişirin.

Lahana ve Kavrulmuş Brüksel Lahanası

İÇİNDEKİLER

1 ½ pound Brüksel lahanası, soyulmuş ve 1 inçlik parçalar halinde kesilmiş

½ kırmızı soğan, ince dilimlenmiş

bir bardak su

½ küp sebze, doğranmış

1 kaşık. sızma zeytinyağı

½ çay kaşığı biber tozu

karabiber

½ kilo lahana, iri kıyılmış

Sonuncusu hariç tüm malzemeleri yavaş tencereye koyun.

Üzerine bir avuç lahana ekleyin ve yavaş pişiriciyi doldurun.

Hepsini bir kerede yapamıyorsanız, önce ilk partinin pişmesine izin verin ve daha fazla lahana ekleyin.

Brüksel lahanaları yumuşayana kadar orta ateşte 3 saat pişirin.

Körili ıspanak ve patates

İÇİNDEKİLER

1 ½ kg patates, soyulmuş ve 1 inçlik parçalar halinde kesilmiş

½ soğan, ince dilimlenmiş

bir bardak su

½ küp sebze, doğranmış

1 kaşık. sızma zeytinyağı

½ çay kaşığı kimyon

½ çay kaşığı öğütülmüş kişniş

½ çay kaşığı garam masala

½ çay kaşığı biber tozu

karabiber

½ kilo taze ıspanak, iri doğranmış

Sonuncusu hariç tüm malzemeleri yavaş tencereye koyun.

Bir avuç ıspanakla örtün ve yavaş pişiriciyi doldurun.

Hepsini aynı anda sığdıramazsanız, önce ilk partinin pişmesine izin verin ve daha fazla ıspanak ekleyin.

Patatesler yumuşayana kadar orta ateşte 3-4 saat pişirin.

Tatlı Patates ve Karalahana Körisi

İÇİNDEKİLER

1 ½ kg tatlı patates, soyulmuş ve 1 inçlik parçalar halinde kesilmiş

½ soğan, ince dilimlenmiş

bir bardak su

½ küp sebze, doğranmış

1 kaşık. sızma zeytinyağı

½ çay kaşığı kimyon

½ çay kaşığı öğütülmüş kişniş

½ çay kaşığı garam masala

½ çay kaşığı biber tozu

karabiber

½ kilo lahana, iri kıyılmış

Sonuncusu hariç tüm malzemeleri yavaş tencereye koyun.

Üzerine bir avuç lahana ekleyin ve yavaş pişiriciyi doldurun.

Hepsini bir kerede yapamıyorsanız, önce ilk partinin pişmesine izin verin ve daha fazla lahana ekleyin.

Tatlı patatesler yumuşayana kadar orta ateşte 3 ila 4 saat pişirin.

Jalapeno Su teresi ve Yaban havucu

İÇİNDEKİLER

1 ½ kg yaban havucu, soyulmuş ve 1 inçlik parçalar halinde kesilmiş

½ kırmızı soğan, ince dilimlenmiş

bir bardak su

½ küp sebze, doğranmış

1 kaşık. sızma zeytinyağı

½ çay kaşığı kimyon

½ çay kaşığı jalapeno biberi, doğranmış

1 ancho biberi, doğranmış

karabiber

½ kilogram su teresi, iri doğranmış

Sonuncusu hariç tüm malzemeleri yavaş tencereye koyun.

Bir avuç ıspanakla örtün ve yavaş pişiriciyi doldurun.

Hepsini aynı anda sığdıramazsanız, önce ilk partinin pişmesine izin verin ve daha fazla ıspanak ekleyin.

Yaban havuçları yumuşayana kadar orta ateşte 3 ila 4 saat pişirin.

Biber ve sarımsak soslu su teresi ve brokoli

İÇİNDEKİLER

1 ½ kg havuç, soyulmuş ve 1 inçlik parçalar halinde kesilmiş

1/2 pound brokoli, soyulmuş ve 1 inçlik parçalar halinde kesilmiş

½ soğan, ince dilimlenmiş

bir bardak su

½ küp sebze, doğranmış

1 kaşık. Susam yağı

½ çay kaşığı sarımsak ve biber sosu

½ çay kaşığı. limon suyu

½ çay kaşığı. doğranmış yeşil soğan

karabiber

½ kilogram su teresi, iri doğranmış

Sonuncusu hariç tüm malzemeleri yavaş tencereye koyun.

Bir avuç su teresi ile kaplayın ve yavaş pişiriciyi doldurun.

Hepsini aynı anda yapamıyorsanız, önce ilk partinin pişmesine izin verin ve daha fazla su teresi ekleyin.

Havuçlar yumuşayana kadar orta ateşte 3-4 saat pişirin.

Baharatlı Bok Choy ve Brokoli

İÇİNDEKİLER

1 pound brokoli, soyulmuş ve 1 inçlik parçalar halinde kesilmiş

1/2 kilogram şampanya mantarı, dilimlenmiş

½ soğan, ince dilimlenmiş

bir bardak su

½ küp sebze, doğranmış

1 kaşık. Susam yağı

½ çay kaşığı Çin beş baharat tozu

½ çay kaşığı Siçuan karabiberi

½ çay kaşığı biber tozu

karabiber

½ kilogram çin lahanası, iri kıyılmış

Sonuncusu hariç tüm malzemeleri yavaş tencereye koyun.

Üzerine bir avuç Çin lahanası ekleyin ve yavaş pişiriciyi doldurun.

Hepsini bir kerede koyamıyorsanız, önce ilk partinin pişmesine izin verin ve daha fazla Çin lahanası ekleyin.

Brokoli yumuşayana kadar orta ateşte 3-4 saat pişirin.

Ispanak ve Shitake Mantarları

İÇİNDEKİLER

1 ½ kg karnabahar, soyulmuş ve 1 inçlik parçalar halinde kesilmiş

½ kilogram shitake mantarı, dilimlenmiş

½ kırmızı soğan, ince dilimlenmiş

bir bardak sebze suyu

2 kaşık. Susam tohumu yağı

½ çay kaşığı sirke

½ çay kaşığı sarımsak, kıyılmış

karabiber

½ kilo taze ıspanak, iri doğranmış

Sonuncusu hariç tüm malzemeleri yavaş tencereye koyun.

Bir avuç ıspanakla örtün ve yavaş pişiriciyi doldurun.

Hepsini aynı anda sığdıramazsanız, önce ilk partinin pişmesine izin verin ve daha fazla ıspanak ekleyin.

Karnabaharlar yumuşayana kadar orta ateşte 3-4 saat pişirin.

Pesto soslu ıspanak ve patates

İÇİNDEKİLER

1 ½ kg patates, soyulmuş ve 1 inçlik parçalar halinde kesilmiş

½ soğan, ince dilimlenmiş

bir bardak sebze suyu

1 kaşık. sızma zeytinyağı

2 kaşık. Pesto Sos

karabiber

½ kilo taze ıspanak, iri doğranmış

Sonuncusu hariç tüm malzemeleri yavaş tencereye koyun.

Bir avuç ıspanakla örtün ve yavaş pişiriciyi doldurun.

Hepsini aynı anda sığdıramazsanız, önce ilk partinin pişmesine izin verin ve daha fazla ıspanak ekleyin.

Patatesler yumuşayana kadar orta ateşte 3-4 saat pişirin.

195

Tatlı Patates ve Karalahana Körisi

İÇİNDEKİLER

1 ½ kg tatlı patates, soyulmuş ve 1 inçlik parçalar halinde kesilmiş

½ soğan, ince dilimlenmiş

bir bardak sebze suyu

1 kaşık. sızma zeytinyağı

2 kaşık. kırmızı köri tozu

karabiber

½ kilo taze lahana, iri kıyılmış

Sonuncusu hariç tüm malzemeleri yavaş tencereye koyun.

Bir avuç lahana ile örtün ve yavaş pişiriciyi doldurun.

Hepsini bir kerede koyamazsanız, önce ilk partinin pişmesine izin verin ve daha fazla lahana ekleyin.

Tatlı patatesler yumuşayana kadar orta ateşte 3 ila 4 saat pişirin.

Şalgam üstleri ve pestolu şalgamlar

İÇİNDEKİLER

1 ½ kg şalgam, soyulmuş ve 1 inçlik parçalar halinde kesilmiş

½ soğan, ince dilimlenmiş

bir bardak sebze suyu

1 kaşık. sızma zeytinyağı

2 kaşık. Pesto Sos

karabiber

½ kilogram taze şalgam yeşillikleri, iri kıyılmış

Sonuncusu hariç tüm malzemeleri yavaş tencereye koyun.

Bir avuç şalgam yeşillikleriyle süsleyin ve yavaş pişiriciyi doldurun.

Hepsini bir kerede sığdıramazsanız, önce ilk partinin pişmesine izin verin ve daha fazla şalgam yeşillikleri ekleyin.

Şalgamlar yumuşayana kadar orta ateşte 3-4 saat pişirin.

Pestolu Pazı ve Havuç

İÇİNDEKİLER

1 ½ kg havuç, soyulmuş ve 1 inçlik parçalar halinde kesilmiş

½ kırmızı soğan, ince dilimlenmiş

bir bardak sebze suyu

2 kaşık. sızma zeytinyağı

3 kaşık. Pesto Sos

karabiber

½ kilogram taze pancar, iri doğranmış

Sonuncusu hariç tüm malzemeleri yavaş tencereye koyun.

Bir avuç dolusu stokla örtün ve yavaş pişiriciyi doldurun.

Hepsini aynı anda yapamıyorsanız, önce ilk partinin pişmesine izin verin ve daha fazla duman ekleyin.

Havuçlar yumuşayana kadar orta ateşte 3-4 saat pişirin.

Biber Sarımsak Sosunda Bok Choy ve Havuç

İÇİNDEKİLER

1 ½ kg havuç, soyulmuş ve 1 inçlik parçalar halinde kesilmiş

½ soğan, ince dilimlenmiş

bir bardak sebze suyu

1 kaşık. Susam yağı

4 diş sarımsak, doğranmış

2 kaşık. biber sarımsak sosu

karabiber

½ kilo taze Bok Choy, iri doğranmış

Sonuncusu hariç tüm malzemeleri yavaş tencereye koyun.

Bir avuç Bok Choy ile örtün ve yavaş pişiriciyi doldurun.

Hepsini aynı anda sığdıramazsanız, önce ilk partinin pişmesine izin verin ve daha fazla Bok Choy ekleyin.

Havuçlar yumuşayana kadar orta ateşte 3-4 saat pişirin.

Haşlanmış şalgam ve yaban havucu

İÇİNDEKİLER

1 ½ kg yaban havucu, soyulmuş ve 1 inçlik parçalar halinde kesilmiş

½ soğan, ince dilimlenmiş

bir bardak sebze suyu

1 kaşık. sızma zeytinyağı

karabiber

½ kilogram taze şalgam yeşillikleri, iri kıyılmış

Haşlanmış şalgam ve yaban havucu

Sonuncusu hariç tüm malzemeleri yavaş tencereye koyun.

Bir avuç ıspanakla örtün ve yavaş pişiriciyi doldurun.

Hepsini aynı anda sığdıramazsanız, önce ilk partinin pişmesine izin verin ve daha fazla ıspanak ekleyin.

Patatesler yumuşayana kadar orta ateşte 3-4 saat pişirin.

Düşük ateşte pişirilmiş lahana ve brokoli

İÇİNDEKİLER

1 ½ kilogram brokoli çiçeği

½ soğan, ince dilimlenmiş

bir bardak sebze suyu

1 kaşık. sızma zeytinyağı

2 kaşık. Pesto Sos

karabiber

½ kilo taze lahana, iri kıyılmış

Sonuncusu hariç tüm malzemeleri yavaş tencereye koyun.

Üzerine bir avuç lahana ekleyin ve yavaş pişiriciyi doldurun.

Hepsini bir kerede yapamıyorsanız, önce ilk partinin pişmesine izin verin ve daha fazla lahana ekleyin.

Brokoli çiçekleri yumuşayana kadar orta ateşte 3-4 saat pişirin.

Pestoda pişirilmiş hindiba ve havuç

İÇİNDEKİLER

1 ½ kg havuç, soyulmuş ve 1 inçlik parçalar halinde kesilmiş

½ soğan, ince dilimlenmiş

bir bardak sebze suyu

1 kaşık. sızma zeytinyağı

2 kaşık. Pesto Sos

karabiber

½ kilogram taze hindiba, iri kıyılmış

Sonuncusu hariç tüm malzemeleri yavaş tencereye koyun.

Bir avuç hindibayla kaplayın ve yavaş pişiriciyi doldurun.

Hepsini aynı anda sığdıramazsanız, önce ilk partinin pişmesine izin verin ve daha fazla hindiba ekleyin.

Havuçlar yumuşayana kadar orta ateşte 3-4 saat pişirin.

Roma salatası ve yavaş pişirilmiş Brüksel lahanası

İÇİNDEKİLER

1 buçuk kilo Brüksel lahanası

½ soğan, ince dilimlenmiş

bir bardak sebze suyu

1 kaşık. sızma zeytinyağı

karabiber

½ kilo taze marul, iri kıyılmış

Sonuncusu hariç tüm malzemeleri yavaş tencereye koyun.

Bir avuç marulla kaplayın ve yavaş pişiriciyi doldurun.

Hepsini bir kerede sığdıramazsanız, önce ilk partinin pişmesine izin verin ve daha fazla marul ekleyin.

Brüksel lahanaları yumuşayana kadar orta ateşte 3 saat pişirin.

Hindiba ve yavaş pişirilmiş patates

İÇİNDEKİLER

1 ½ kg patates, soyulmuş ve 1 inçlik parçalar halinde kesilmiş

½ soğan, ince dilimlenmiş

bir bardak sebze suyu

1 kaşık. sızma zeytinyağı

1 çay kaşığı. İtalyan baharatları

karabiber

½ kilogram taze hindiba, iri kıyılmış

Sonuncusu hariç tüm malzemeleri yavaş tencereye koyun.

Bir avuç ıspanakla örtün ve yavaş pişiriciyi doldurun.

Hepsini aynı anda sığdıramazsanız, önce ilk partinin pişmesine izin verin ve daha fazla ıspanak ekleyin.

Patatesler yumuşayana kadar orta ateşte 3-4 saat pişirin.

Yavaş Pişirilmiş Şalgam ve Vegan Tereyağlı Şalgam

İÇİNDEKİLER

1 ½ kg şalgam, soyulmuş ve 1 inçlik parçalar halinde kesilmiş

½ soğan, ince dilimlenmiş

bir bardak sebze suyu

4 kaşık. vegan tereyağı veya margarin

2 kaşık. limon suyu

3 diş sarımsak, doğranmış

karabiber

½ kilogram taze şalgam yeşillikleri, iri kıyılmış

Sonuncusu hariç tüm malzemeleri yavaş tencereye koyun.

Bir avuç şalgam yeşillikleriyle süsleyin ve yavaş pişiriciyle doldurun.

Yavaş Pişirilmiş Şalgam ve Vegan Tereyağlı Şalgam

Hepsini aynı anda sığdıramazsanız, önce ilk partinin pişmesine izin verin ve daha fazla şalgam yeşillikleri ekleyin.

Şalgamlar yumuşayana kadar orta ateşte 3-4 saat pişirin.

Vegan tereyağında pişirilmiş lahana ve yaban havucu

İÇİNDEKİLER

1 ½ kg yaban havucu, soyulmuş ve 1 inçlik parçalar halinde kesilmiş

½ soğan, ince dilimlenmiş

bir bardak sebze suyu

4 kaşık. eritilmiş vegan tereyağı

2 kaşık. limon suyu

karabiber

½ kilo taze lahana, iri kıyılmış

Sonuncusu hariç tüm malzemeleri yavaş tencereye koyun.

Üzerine bir avuç lahana ekleyin ve yavaş pişiriciyi doldurun.

Hepsini bir kerede yapamıyorsanız, önce ilk partinin pişmesine izin verin ve daha fazla lahana ekleyin.

Yaban havuçları yumuşayana kadar orta ateşte 3 ila 4 saat
pişirin.

Yavaş Pişmiş Çin Usulü Ispanak ve Havuç

İÇİNDEKİLER

1 ½ kg havuç, soyulmuş ve 1 inçlik parçalar halinde kesilmiş

½ soğan, ince dilimlenmiş

bir bardak sebze suyu

1 kaşık. Susam yağı

2 kaşık. hoi sin sosu

karabiber

½ kilo taze ıspanak, iri doğranmış

Sonuncusu hariç tüm malzemeleri yavaş tencereye koyun.

Bir avuç ıspanakla örtün ve yavaş pişiriciyi doldurun.

Hepsini aynı anda sığdıramazsanız, önce ilk partinin pişmesine izin verin ve daha fazla ıspanak ekleyin.

Havuçlar yumuşayana kadar orta ateşte 3-4 saat pişirin.

Yavaş Tencere Bok Choy ve Havuç

İÇİNDEKİLER

1 ½ kg havuç, soyulmuş ve 1 inçlik parçalar halinde kesilmiş

½ soğan, ince dilimlenmiş

bir bardak sebze suyu

1 kaşık. Susam yağı

1 kaşık. kolza yağı

2 kaşık. hoi sin sosu

karabiber

½ kilo taze Bok Choy, iri doğranmış

Sonuncusu hariç tüm malzemeleri yavaş tencereye koyun.

Üzerine bir avuç Çin lahanası ekleyin ve yavaş pişiriciyi doldurun.

Hepsini bir kerede koyamıyorsanız, önce ilk partinin pişmesine izin verin ve daha fazla Çin lahanası ekleyin.

Havuçlar yumuşayana kadar orta ateşte 3-4 saat pişirin.

Yavaş Pişirilen Mikro Sebzeler ve Patatesler

İÇİNDEKİLER

1 ½ kg patates, soyulmuş ve 1 inçlik parçalar halinde kesilmiş

½ soğan, ince dilimlenmiş

bir bardak sebze suyu

2 kaşık. sızma zeytinyağı

1 çay kaşığı. annatto tohumları

1 çay kaşığı. kimyon

1 çay kaşığı. limon suyu

karabiber

½ kilogram taze mikro sebze, iri doğranmış

Sonuncusu hariç tüm malzemeleri yavaş tencereye koyun.

Bir avuç mikro sebzeyle kaplayın ve yavaş pişiriciyi doldurun.

Hepsini aynı anda sığdıramazsanız, önce ilk partinin pişmesine izin verin ve daha fazla mikro yeşillik ekleyin.

Patatesler yumuşayana kadar orta ateşte 3-4 saat pişirin.

Kenarlarını kazıyıp servis yapın.